Vorbemerkung

Die Industrialisierung ist der entscheidende Prozeß des wirtschaftlichen und gesellschaftlichen Strukturwandels von der Mitte des 18. Jahrhunderts zur Gegenwart hin. Er begann mit Erfindung und Anwendung neuer Antriebs- und Arbeitsmaschinen, Techniken und Produktionsmethoden, durch die die Erkenntnisse naturwissenschaftlichen Denkens und Forschens in die Praxis übertragen wurden, und er setzte sich fort in neuer arbeitsteiliger Organisation der Produktion in neuen Produktionsstätten, den Industriebetrieben, und in Entwicklung und Ausbau neuer Verkehrsmittel und Verkehrswege. Damit führte er zu neuer Gewichtung der Standorte und Kapazitäten der Produktion und des Handels, die die Umgestaltung der regionalen und nationalen Volkswirtschaften bis hin zur Entstehung eines weltwirtschaftlichen Gefüges zur Folge hatten. Unmittelbar dem wirtschaftlichen Geschehen waren die gesellschaftlichen Umschichtungen verbunden, setzten doch Technik und Betriebsorganisation neue Formen der Arbeit und des Zusammenarbeitens und damit neue Ordnungen der Weisungsbereiche und der Abhängigkeit, der Herrschaft und der Unterwerfung. Es veränderte sich nicht nur die Stellung und Bedeutung der zuerst unmittelbar betroffenen älteren gewerblichen und handwerklichen Bereiche, sondern ebenso Verkehr, Handel und Landwirtschaft, wobei gerade die Agrarreformen wieder zu den Voraussetzungen der allgemeinen wirtschaftlichen, besonders der gewerblichen und industriellen Entwicklung gehörten. Im sozialen Bereich entstanden die neuen Schichten der Unternehmer, Arbeiter und Angestellten, die bald die Konstellationen sozialer Gruppen und Gefüge bestimmten, die als industrielle Gesellschaft in ihren differenzierten Stadien und Formen begriffen werden. Notwendig verband sich solchem gesellschaftlichen Wandel ein geistiger und kultureller; er mündete in einen politischen, der nicht nur durch Entstehung neuer Ideologien, Verbände und Parteien, sondern auch durch Umgestaltung der Gemeinden und des Staates, in dem sich die geänderte Sozialverfassung in politische Verfassung umsetzte, gekennzeichnet wurde. Von solchen Ergebnissen her läßt sich dieser Prozeß durchaus als revolutionärer Umsturz, als „Industrielle Revolution", verstehen, auch wenn er keinen plötzlichen Umbruch, also keine „Revolution" im politischen Sinne darstellte, sondern gerade in seinen Anfängen in Formen langfristiger Entwicklungen ablief. Immerhin dauerte es 55 Jahre von der Entdeckung des technischen Prinzips der Kolbendampfmaschine bis zu ihrem ersten Einsatz als Arbeitsmaschine (Pumpmaschine) und 95 Jahre bis zu ihrer ersten Verwendung als Antriebsmaschine. Auch setzte dieser Prozeß nicht in allen Ländern gleicher gewerblicher Entwicklungsstufe im gleichen Zeitpunkt ein, sondern es kam zu beträchtlichen Phasenverschiebungen zwischen dem Mutterland der Industrialisierung, England, und den kontinentalen Ländern.
Das Quellenheft versucht das Geschehen in England und Deutschland, die zu Ende des 19. Jahrhunderts zu den beiden größten europäischen Industriemächten geworden waren, zu erläutern. Dabei steht im Vordergrund der Zeitraum des industriellen Anfangs, also der Zeitabschnitt bis 1850. In diesem Zeitraum trat die besondere Problematik der wirtschaft-

1 - 4231/5

lichen und gesellschaftlichen Veränderungen mit aller Schärfe hervor. Sie stellt deshalb das zentrale Thema dieses Quellenheftes dar. Der einleitende Tabellenteil greift in seinen Zahlen über die erste Hälfte des 19. Jahrhunderts hinaus, weil an diesen wenigen Daten die Gesamtentwicklung verdeutlicht werden soll. Er wurde allerdings auf besonders charakteristische Angaben beschränkt. Wünschenswert wäre eine Ergänzung durch Statistiken der Lohnentwicklung gewesen, die sich aber bei dem heutigen Stand der Forschung noch nicht in befriedigendem Maße erstellen lassen, wie auch ein Vergleich mit den Lebenshaltungskosten, durch den erst die Lohnstatistik in ihrer vollen Bedeutung erfaßt werden kann, noch nicht möglich ist. Dagegen erschien es unerläßlich, einen Überblick über die Bevölkerungsentwicklung zu geben, um dadurch zu verdeutlichen, daß der Prozeß der Industrialisierung einerseits nur durch eine solche Zunahme der Menschenzahl ermöglicht wurde, andererseits aber auch den Unterhalt für diesen Zuwachs an Menschen schuf, also Europa vor einer Verelendungskatastrophe bewahrte, wie sie z. B. Irland infolge der Kartoffelkrise 1846/47 erlebte. Es ist darauf hinzuweisen, daß nicht die Industrialisierung das Elend schuf, sondern daß dieses Elend Folge einer sich verstärkenden Übervölkerung war, die auch durch die gewaltige Auswanderung kaum reduziert wurde. In der industriellen Entwicklung wurden erst die benötigten Arbeitsplätze geschaffen, um die Überschüssigen unterzubringen. Die Binnenwanderungsbewegungen waren Wanderung dem Arbeitsplatzangebot nach.

Die Konsequenzen der Entwicklung industrieller Wirtschaft beseitigten nicht die gesellschaftlichen Differenzierungen, wie sie auch die Entstehung neuer gesellschaftlicher Spannungsverhältnisse nicht zu verhindern vermochten. Dies wird Ziel sozialpolitischer Entwicklungen, wobei Sozialpolitik nicht nur auf Beseitigung von Mißständen, wie in der Kinderschutzgesetzgebung, sondern auf Besserung der sozialen Lage der Unterschichten und zuletzt auf Entspannung gerichtet ist. Hier deuten die mitgeteilten Quellen die sozialpolitischen Vorstellungen und Tendenzen von der liberalen „Hilfe zur Selbsthilfe-Bewegung" bis zur marxistischen „Proletarischen Revolution" an. Aus Raumgründen war es leider nicht möglich, weiterführende Angaben gerade zu diesem Bereich – z. B. über die englische Sozialgesetzgebung, die Bismarcksche Sozialpolitik, die Gewerkschaftsbewegung usw. – aufzunehmen, die vor allem seit der zweiten Hälfte des 19. Jahrhunderts realisiert wurden und zum „Wohlfahrtsstaat" unserer Tage führten.

Wolfgang Köllmann

I. Bevölkerung und Wanderung

1 Volkszahl der Länder und Provinzen des Deutschen Reiches [1] in Tausend:

	1816	1849	1875	1910
Ostpreußen	886	1462	1856	2064
Westpreußen	571	1028	1343	1704
Stadt Berlin	198	432	967	2071
Brandenburg	1086	1700	2160	4093
Pommern	683	1198	1462	1717
Posen	820	1352	1606	2100
Schlesien	1942	3065	3844	5226
Sachsen	1197	1791	2169	3089
Schleswig-Holstein	697	909	1074	1621
Hannover	1610	1772	2017	2942
Westfalen	1066	1469	1906	4125
Hessen-Nassau	958	2343	1468	2221
Rheinland	1910	2845	3804	7121
Hohenzollern	55	66	66	71
Preußen	13 709	20 431	25 742	40 165
Bayern rechts des Rheins	3177	3869	4381	5950
Rheinpfalz	430	616	641	937
Bayern	3607	4485	5022	6887
Sachsen	1194	1894	2761	4807
Württemberg	1411	1745	1882	2437
Baden	1006	1363	1507	2143
Hessen	562	812	884	1282
Mecklenburg-Schwerin	308	534	554	640
Mecklenburg-Strelitz	72	96	96	106
Sachsen-Weimar	193	261	293	417
Oldenburg	234	289	319	483
Braunschweig	226	271	327	494
Sachsen-Meiningen	121	163	194	279
Sachsen-Altenburg	96	132	146	216
Sachsen-Coburg-Gotha	112	150	183	257
Anhalt	120	154	214	331
Schwarzburg-Rudolstadt	54	70	77	101
Schwarzburg-Sonderhausen	45	60	67	90
Waldeck	53	58	55	62
Reuß ältere Linie	23	36	47	73
Reuß jüngere Linie	60	78	92	153
Schaumburg-Lippe	26	29	33	47
Lippe	81	105	112	151
Lübeck	37	43	57	117
Bremen	50	80	142	299
Hamburg	154	221	389	1015
Elsaß-Lothringen	1281	1569	1532	1874
Deutsches Reich	24 833	35 128	42 727	64 926

1849 und 1875: Monatshefte zur Statistik des Deutschen Reichs für das Jahr 1879. Hrsg. vom Kaiserlichen Statistischen Amt, Bd. XXXVII, Teil II der Statistik des Deutschen Reichs (Heft 7–12), Berlin 1879, S. 39 ff.

1816 und 1910: Statistisches Jahrbuch für das Deutsche Reich 33 (1912), S. 2

[1] Gebietsstand von 1910.

2 **Volkszahl Großbritanniens und Irlands**[2] in Millionen:

Jahr	England und Wales	Schottland	Irland
1750	6,467	1,4	2,4
1800	9,25	1,675	5,2
1810	10,5	1,88	6,0
1820	12,2	2,13	6,8
1830	14,1	2,4	7,8
1840	16,0	2,64	8,2
1850	18,0	2,915	6,6
1860	20,15	3,09	5,8
1870	22,8	3,385	5,412
1880	26,05	3,76	5,175
1890	29,075	4,060	4,705
1900	32,527	4,472	4,459
1910	36,070	4,761	4,390

Zusammengestellt aus Ploetz, Raum und Bevölkerung in der Weltgeschichte, III. Teil, Bevölkerung und Raum in Neuerer und Neuester Zeit, 2. Aufl., Würzburg 1958, S. 144 f., 148, 202, 204

Thomas Robert Malthus[3] **über das Bevölkerungsgesetz,** 1798:

3 „Es kann also ruhig erklärt werden, daß sich die Bevölkerung, wenn sie nicht gehemmt wird, alle 25 Jahre verdoppelt oder in geometrischer Reihe zunimmt. ...
Man kann ... ruhig behaupten, daß in Anbetracht des gegenwärtigen Durchschnittszustandes der Erde die Lebensmittel auch unter den dem menschlichen Fleiße günstigsten Umständen nicht dahin gebracht werden könnten, sich schneller als in arithmetischer Reihe zu vermehren.
Die notwendigen Folgen dieser beiden verschiedenen Vermehrungsraten werden, zusammengestellt, überraschende sein. Nehmen wir an, die Bevölkerung dieser Insel betrage 11 Millionen, und der gegenwärtige Ertrag genüge, um eine solche Zahl ohne Schwierigkeit zu unterhalten. In den ersten 25 Jahren würde die Bevölkerung 22 Millionen betragen, und da die Nahrungsmittel sich ebenfalls verdoppeln, so würden die Subsistenzmittel jenem Wachstum entsprechen. In den nächsten 25 Jahren würde die Bevölkerung 44 Millionen betragen, die Subsistenzmittel aber würden nur für 33 Millionen genügen. In der folgenden Periode würde die Bevölkerung 88 Millionen betragen, und die Subsistenzmittel würden gerade zur Erhaltung der Hälfte dieser Zahl ausreichen. Und zum Schlusse des ersten Jahrhunderts würde die Bevölkerung auf 176

[2] Irland: 1754, 1801, 1811 usw. Die Abnahme der Volkszahl Irlands seit 1840 ist begründet in der Hungerkrise 1845/47 und der Auswanderung.

[3] Englischer Sozialforscher, zunächst Pfarrer, später Professor für Geschichte und Nationalökonomie, geb. 17. 2. 1766, gest. 29. 12. 1834.

Millionen gestiegen sein, während die Lebensmittel nur für 55 Millionen ausreichen würden, so daß 121 Millionen vollständig unversorgt wären."

Eine Abhandlung über das Bevölkerungsgesetz, Übers. von V. Dorn, Bd. 1, Jena 1905, S. 18, 21

Carl August Weinhold[4] über Maßnahmen gegen die Übervölkerung:

4 „Die Zivilisation und die daraus hervorgegangene Übervölkerung ist nun nach ewigen Naturgesetzen vorangegangen und hat die alte Zeit mit ihren Formen hinter sich gelassen. Daher die sichtbare Verlegenheit, in welcher sich viele Regierungen befinden, daher ihr Hang zu einer gewissen Stabilität, ihre Furcht vor den rauschenden Meereswogen der öffentlichen Meinung, der Presse etc.; denn wollten sie der gegenwärtigen Übervölkerung, mit Verarmung der großen Masse des Volks, freien Lauf lassen, so können sich die gegenwärtigen Formen der Gesellschaft, wie es wohl sonnenklar am Tage liegt, unmöglich erhalten, – ebenso wenig würde dies der Fall sein, wenn sie auf der Stufe veralteter Bildungen stehen blieben. Sie müssen demnach mit der Weisheit, die ihnen als höchste Intelligenzen zukommen soll und muß, durchaus aktiv eintreten, sie können es nicht auf eine hypothetische Perfektibilität des Menschengeschlechts ankommen lassen, ob die große Masse des Volks so in der Sittlichkeit zunehmen werde, daß sie den Geschlechtstrieb freiwillig der Vernunft unterzuordnen so gut sein wird; sie können nicht auf jene Wunder der Mechanik und Naturlehre harren und sich und die ganze gesellschaftliche Ordnung unterdessen in das offene Grab einer unabsehbaren Umwälzung stürzen lassen, während dem sie glauben, daß mehrere Tausende sich auf einer sandigen Quadratmeile ernähren sollen. Sie müssen, mit wahrhaft praktischer Vernunft, die Menschen nehmen, wie sie wirklich sind, welche physiologisch richtig, oft mit ihren besten Willen, ihren Trieben nicht widerstehen können, und physisch kann eben so wenig aus Sand und Steinen, weder durch die superklugste Physiokratie, noch durch den feinsten Faden der schönsten Manufaktur, Brot werden, sobald, wie zuletzt in England, ein Maximum von Übervölkerung und Arbeitslosigkeit eintritt.

Ehe sie also das ohne prophetischen Geist zu erkennende Unglück immer mehr heranwachsen lassen, so müssen sie das gute Werk bald beginnen und besonders damit anfangen:

Erstens, daß allen Bettlern und andern außer der Ehe lebenden verarmtesten Menschen, welche sich kaum selbst, am wenigsten aber

[4] Mediziner, geb. Meißen 6. 10. 1782, gest. Halle 29. 9. 1829.

noch ein Kind ernähren können, die Menschenerzeugung auf die von mir angegebene Art unmöglich gemacht werde. ...
Zweitens muß ebenso allen arbeitsunfähigen, an langwierigen Krankheiten leidenden Menschen, welche bereits Almosen von den Kommunen erhalten, die Ehe versagt, und die außereheliche Erzeugung eines menschlichen Wesens, welches ohnehin den Typus ihrer Krankheiten an sich tragen wird, auf angegebene Art verhindert werden. ...
Drittens, infibuliere man sämtliche männliche Dienstboten, Gesellen und Lehrlinge in den Städten und auf dem Lande, und gestatte ihnen die Ehe nicht eher, als bis sie im Stande sind, außer sich auch Frau und Kinder ernähren zu können, halte sie unter strenger und medizinal-polizeilicher Aufsicht, durch öftere und unvermutete Visitationen, wegen heimlicher Eröffnung der metallischen Versiegelung, und wende im Übertretungsfalle die angezeigten Strafen ohne alle Ausnahme ernstlich an.
Viertens, alle unverheirateten Militärpersonen in den untern Graden werden ohne Ausnahme infibuliert.
Fünftens, da in freien Staaten Gleichheit aller Staatsbürger vor dem Gesetze stattfinden muß, so kann die vornehme und oft sehr ausgelassene Jugend der Eximierten, insofern sie die Grenzen der Sittlichkeit überschreitet, nicht befreit bleiben, sondern wird sich mit einigen Modifikationen den gleichen Gesetzen unterwerfen müssen."

Von der Übervölkerung in Mittel-Europa und deren Folgen auf die Staaten und ihre Civilisation, Halle 1827, S. 44–47

Gerhard Mackenroth über industrielle Bevölkerung:

5 „*Diese nordwesteuropäische Bevölkerungswelle mit der ihr zugrunde liegenden doppelten Scherenbewegung der demographischen Kurven von Fruchtbarkeit und Sterblichkeit wird nun für alle weiteren Betrachtungen das Richtmaß sein. Sie ist der* charakteristische Vorgang der neueren Bevölkerungsgeschichte überhaupt, *der in Nordwesteuropa gewissermaßen in* idealtypischer *Reinheit sichtbar wird, aber durch alle Zeiten und Länder zu verfolgen ist, freilich überall unter charakteristischen Abwandlungen durch geschichtliche und soziologische Besonderheiten. Wenn es gelingt, ihn zu den anderen Sozialbereichen in eine verstehbare Beziehung zu setzen und ihn von daher zu erklären, so ist darin* der Schlüssel für das historisch-soziologische Bevölkerungsgesetz des Industriezeitalters *gegeben, dann ist in dieser doppelten europäischen Schere die statistische Indikation dieses Bevölkerungsgesetzes zu vermuten.*"

Bevölkerungslehre, Berlin, Göttingen, Heidelberg, 1953, S. 128

6 Natürliche Bevölkerungsbewegung je tausend Einwohner:

a) England und Wales

Periode	Geborenenziffer	Sterbeziffer	Geborenenüberschuß
1838–1842	31,6	22,1	9,5
1848–1852	33,4	22,6	10,8
1858–1862	34,5	21,9	12,6
1868–1872	35,3	22,2	13,1
1878–1882	34,4	20,3	14,1
1888–1892	30,9	19,0	11,9
1898–1902	28,8	17,4	11,4
1908–1912	25,2	14,2	11,0

b) Schottland

Periode	Geborenenziffer	Sterbeziffer	Geborenenüberschuß
1858–1862	34,9	21,1	13,8
1868–1872	34,7	22,2	12,5
1878–1882	34,0	20,1	13,9
1888–1892	30,9	19,1	11,8
1898–1902	29,7	18,0	11,7
1908–1912	26,6	15,6	11,0

c) Irland

Periode	Geborenenziffer	Sterbeziffer	Geborenenüberschuß
1868–1872	27,4	16,7	10,7
1878–1882	24,8	18,6	6,2
1888–1892	22,7	18,3	4,4
1898–1902	23,0	18,2	4,8
1908–1912	23,3	17,0	6,3

d) Deutschland

Periode	Geborenenziffer	Sterbeziffer	Geborenenüberschuß
1848–1852	36,1	27,0	9,1
1858–1862	36,3	25,1	11,2
1868–1872	37,4	28,0	9,4
1878–1882	38,0	25,8	12,2
1888–1892	36,3	23,9	12,4
1898–1902	35,7	20,8	14,9
1908–1912	30,0	16,9	13,1

Zusammengestellt aus: Warren S. Thompson, Population Problems, New York und London 1942, S. 152, 217

Lewis Mumford über die „Industriestadt“:

7 *„Die Hauptelemente in dem neuen, komplexen Gebilde Stadt waren die Fabrik, die Eisenbahn und die Elendsviertel. Sie allein fügten die ‚Industriestadt‘ zusammen, ein Begriff, der nur die Tatsache kennzeichnet, daß mehr als 2000 Menschen sich in einem Gebiet zusammengefunden hatten, das mit einem eigenen Namen be-*

zeichnet werden könnte. Solch städtische Ansammlungen wuchsen hundertfach, ohne daß sie auch nur die geringste Spur jener Einrichtungen aufwiesen, die eine Stadt in soziologischer Sicht charakterisieren, d. h. als einen Ort, an dem sich soziales Erbe konzentriert und an dem die Möglichkeiten ständigen gesellschaftlichen Austausches und zwischenmenschlichen Handels die vielfältigen Formen menschlicher Betätigung zu größeren Möglichkeiten führen. Nur in verkümmerten Restformen fanden sich die charakteristischen Einrichtungen der Stadt des Steinzeitalters.“

The City in History, New York 1961, S. 458

8 Wachstum der wichtigsten Großstädte im 19. Jahrhundert[5] in Tausend:

	1800	1850	1880	1900	1910
Deutschland					
Berlin	172	419	1122	1889	3730
Hamburg	130	132	290	706	932
München	30	110	230	500	595
Leipzig	40	63	149	456	588
Dresden	60	97	221	396	547
Köln	50	97	145	373	516
Breslau	60	114	273	423	512
Frankfurt a. M.	48	65	137	289	415
Düsseldorf	10	27	95	214	358
Elberfeld-Barmen	25	84	190	299	339
Nürnberg	30	54	100	261	333
Charlottenburg			30	189	305
Hannover	18	29	123	236	302
Essen	4	9	57	119	295
Chemnitz	14	32	95	207	287
Stuttgart	18	48	117	177	286
Magdeburg	36	72	98	230	280
Bremen	40	55	112	163	247
Königsberg	60	76	141	184	246
Neukölln			19	36	237
Stettin	24	49	92	211	236
Duisburg			41	93	229
Dortmund			67	143	214
Kiel	7	15	44	108	211
Mannheim			53	141	193
England und Wales					
London	959	2363	3830	4537	4523
Liverpool	82	397	624	685	747
Manchester	77	336	462	544	714
Birmingham	71	242	437	522	526
Sheffield	46	135	285	381	455
Leeds	53	172	309	429	446
Bristol	61	154	255	329	357

[5] Die Zahlen beziehen sich auf das jeweilige Stadtgebiet, Berlin 1910 mit Vorstädten.

	1800	1850	1880	1900	1910
Westham		19	129	267	289
Bradford	13	140	240	280	289
Kingston	30	88	166	240	278
Newcastle	33	88	145	215	267
Nottingham	29	99	187	240	260
Stoke-on-Trent				215	235
Salford	18	85	176	221	231
Portsmouth	33	72	128	188	231
Leicester	17	63	137	212	227
Cardiff	2	20	83	164	182
Schottland					
Glasgow	77	329	511	762	785
Edinburgh	85	162	228	317	720
Irland					
Belfast	40	87	208	349	385
Dublin			250	291	304

Zusammengestellt aus: Wl. Woytinsky, Die Welt in Zahlen, Bd. 1, Berlin 1925, S. 132/133

Anwerbung von Masuren für das Ruhrgebiet.
Werbeschrift vom Sommer 1908:

9 „Masuren! In rheinländischer Gegend, umgeben von Feldern, Wiesen und Wäldern, den Vorbedingungen guter Luft, liegt, ganz wie ein masurisches Dorf, abseits vom großen Getriebe des westfälischen Industriebezirkes, eine reizende, ganz neu erbaute Kolonie der Zeche ‚Viktor' bei Rauxel. Diese Kolonie besteht vorläufig aus über 40 Häusern und wird später auf etwa 65 Häuser erweitert werden. In jedem Hause sind nur vier Wohnungen, zwei oben, zwei unten. In jede Wohnung gehören etwa drei bis vier Zimmer. Die Decken sind 3 m hoch, die Länge bzw. die Breite des Fußbodens beträgt über 3 m. Jedes Zimmer, sowohl oben als auch unten, ist also schön groß, hoch und luftig, wie man sie in den Städten des Industriebezirkes kaum findet. Zu jeder Wohnung gehört ein sehr guter und trockener Keller, so daß sich die eingelagerten Früchte, Kartoffeln usw., dort sehr gut erhalten werden. Ferner gehört dazu ein geräumiger Stall, wo sich jeder sein Schwein, seine Ziege oder seine Hühner halten kann. So braucht der Arbeiter nicht das Pfund Fleisch oder seinen Liter Milch zu kaufen. Endlich gehört zu jeder Wohnung auch ein Garten von etwa 23–24 Quadratruten[6]. So kann sich jeder sein Gemüse, sein Kumpst[7] und seine Kartoffeln, die er für den Sommer braucht, selbst ziehen. Wer noch mehr Land braucht, kann es in der Nähe von Bauern billig pachten. Außerdem liefert die Zeche für den Winter Kartoffeln zu billigen Preisen. Da-

[6] 1 preußische Quadratrute = 14,18 qm.
[7] Kohl.

bei beträgt die Miete für ein Zimmer (mit Stall und Garten) nur 4 Mk. monatlich, für die westfälischen Verhältnisse jedenfalls ein sehr billiger Preis. ...
In der Kolonie wird sich in nächster Zeit auch ein Konsum befinden, wo allerlei Kaufmannsware wie Salz, Kaffee, Heringe usw. zu einem sehr billigen Preise von der Zeche geliefert werden, auch wird dort ein Fleischkonsum eingerichtet werden. Für größere Einkäufe liegen Kastrop, Herne und Dortmund ganz in der Nähe. Ledige Leute, die nicht in Privatkost gehen wollen, können in einer Menage zu sehr billigen Preisen wohnen und essen. Den Ankommenden wird in der ersten Zeit ein Barvorschuß, je nach Bedarf bis zu 50 Mk. gegeben. Für die Kinder sind dort Schulen erbaut worden, so daß sie nicht zu weit zu laufen brauchen, auch die Arbeiter haben bis zur Arbeitsstelle höchstens 10 Minuten zu gehen. Bis zur nächsten Bahnstation braucht man etwa 1/2 Stunde. ...
Masuren, es kommt der Zeche vor allem darauf an, ordentliche Familien in diese ganz neue Kolonie hineinzubekommen. Ja, wenn es möglich ist, soll diese Kolonie nur mit masurischen Familien besetzt werden. So bleiben die Masuren ganz unter sich und haben mit Polen, Westpreußen usw. nichts zu tun. Jeder kann denken, daß er in seiner östlichen Heimat wäre. Es gibt Masuren, die bei der Zeche schon lange tätig sind und sich bei der anständigen Behandlung wohl fühlen. Als Beweis wird in Masuren bald ein solcher Arbeiter als Zeuge erscheinen.
Jede Familie erhält vollständig freien Umzug, ebenso jeder Ledige freie Fahrt. Sobald eine genügende Zahl vorhanden ist, wird ein Beamter der Zeche Sie abholen. Die Zeche verlangt für den freien Umzug keine Bindung, eine bestimmte Zeit dort zu bleiben, wie andere Zechen. Sie vertraut ganz und gar der Ehrlichkeit der Masuren. Wem es nicht gefällt, kann von dort aus weiterziehen. Die Verwaltung der Zeche hofft aber, daß es den masurischen Familien so gut gefallen wird, daß sie ans Weiterziehen gar nicht denken werden."

Stanislaus Wachowiak, Die Polen in Rheinland-Westfalen, München 1916, S. 11–13

G. M. Trevelyan über die Abwanderung in die Industrie als Folge ländlicher Übervölkerung und Arbeitsmangels:

10 *„Schon 1771 hatte Arthur Young die Tatsache beklagt, daß die Abwanderung der männlichen und weiblichen Dorfjugend nach London infolge der erleichterten Reisemöglichkeiten im Zunehmen begriffen sei. Jetzt begannen aber auch andere Städte Tausende von*

Landbewohnern aus allen Gebieten Englands anzulocken. Diese Bewegung machte sich am deutlichsten im Norden bemerkbar, in den Bergwerks-, Fabrik- und Baumwollspinnereidistrikten. Nach den Ergebnissen der Volkszählung von 1801 und 1831 zu schließen, nahm die Einwohnerzahl einiger entlegener Kirchspiele des Nordens wirklich schon mit jeder Dekade ab. Einstweilen galt das noch nicht für das englische Dorf im allgemeinen; obwohl jedoch ein Pfarrdorf in den ersten dreißig Jahren des Jahrhunderts keinen Rückgang seiner ständigen Einwohnerzahl zu verzeichnen brauchte, so schickte es dennoch viele seiner jungen Leute in die Kolonien, nach den Vereinigten Staaten oder in die Industrie- und Handelszentren der Heimat. Der ständige Bevölkerungszuwachs machte es der englischen Dorfgemeinde unmöglich, jedermann mit Arbeitsmöglichkeiten zu versehen. Die Landwirtschaft hatte alle Arbeitskräfte angezogen, deren sie bedurfte. Und viele auf dem Land alteingesessene Gewerbe waren im Aussterben begriffen. Große englische Industrien wie die Tuchherstellung wanderten wieder zurück aus den Grafschaftsbezirken, in denen sie sich während des späten Mittelalters und zur Zeit der Tudors niedergelassen hatten. Die Dörfer blieben jetzt reiner auf die Landwirtschaft beschränkt; sie stellten keine Waren für den Absatz auf dem großen Markt mehr her und produzierten nun auch weniger für den eigenen Bedarf."

Kultur- und Sozialgeschichte Englands, Hamburg 1948, S. 454

11 Deutsche Binnenwanderung:

a) Wanderungsbilanz 1907 in Tausend

Gebiet [8]	Ansässige insgesamt	Geborene Ansässige	Geborene Abgewanderte	Geborene Zugewanderte	Gewinn + Verlust —
Ostdeutschland	12 066,2	11 708,1	2326,7	358,1	—1968,6
Berlin-Brandenburg	5585,2	3936,1	444,6	1659,1	+1204,5
Nordwestdeutschland	6881,9	6106,8	495,7	775,1	+ 279,4
Mitteldeutschland	9719,7	9001,9	891,4	717,8	— 173,6
Hessen	3371,1	2954,9	348,1	416,2	+ 68,1
Westdeutschland	10 171,1	9080,6	449,4	1090,5	+ 641,1
Süddeutschland	12 580,5	12 200,0	431,4	380,5	— 50,9

Zusammengestellt aus: Ploetz, a.a.O., S. 221

[8] Ostdeutschland: Ostpreußen, Westpreußen, Posen, Schlesien, Pommern;
Nordwestdeutschland: Mecklenburg, Schleswig-Holstein, Lübeck, Hamburg, Bremen, Oldenburg, Lippe, Hannover;
Mitteldeutschland: Prov. Sachsen, Braunschweig, Anhalt, Kgr. Sachsen, Thüringen;
Hessen: Hessen-Nassau, Waldeck, Großhessen;
Westdeutschland: Westfalen, Rheinprovinz;
Süddeutschland: Bayern, Baden, Württemberg, Hohenzollern, Elsaß-Lothringen.

b) Die Einwohnerschaft Berlins nach der Herkunft 1907

Von den Einwohnern waren geboren in	in Tausend	je 100 Einwohner
Berlin	812,1	40,5
Brandenburg	361,4	18,0
Ostdeutschland	551,6	27,5
Nordwestdeutschland	45,5	2,3
Mitteldeutschland	131,7	6,6
Hessen	10,7	0,5
Westdeutschland	26,4	1,3
Süddeutschland	18,2	0,9
Ausland	47,3	2,4
Einwohner insgesamt	2004,9	100,0

Zusammengestellt aus: Ploetz, a.a.O., S. 222

c) Die Einwohnerschaft Rheinland-Westfalens nach der Herkunft 1907

Von den Einwohnern waren geboren in	in Tausend	je 100 Zugezogene
Rheinland-Westfalen	9080,6	
Ostdeutschland	512,7	38,1
Berlin-Brandenburg	42,1	3,1
Nordwestdeutschland	154,1	11,4
Mitteldeutschland	128,4	9,5
Hessen	154,5	11,5
Süddeutschland	101,5	7,6
Ausland	253,5	18,8
Zugezogene insgesamt	1346,8	100,0
Einwohner insgesamt	10 427,4	—

Zusammengestellt aus: Ploetz, a.a.O., S. 224

„Zeitungsbericht" der Preußischen Bezirksregierung zu Arnsberg für den Monat Februar 1818 an das Oberpräsidium in Münster:

12 „Die in den beiden Grafschaften Wittgenstein aufgekommene Sucht, nach Amerika auszuwandern, ist eine Seuche, die unsere besondere Aufmerksamkeit erregt hat. Es haben sich seit kurzer Zeit dazu 14 Familienväter mit 71 Familienmitgliedern und 24 einzelne Personen, zusammen 109 Köpfe, schon namentlich angegeben und um Erlaubnis angestanden; das Vermögen, das diese Menschen mitnehmen, ist über 7561 Taler Berliner Courant verzeichnet. Noch mehrere sollen des Willens sein, demselben Schicksal zu folgen. In dem an das Wittgensteinische angrenzende Hessen-Darmstädtischen soll derselbe Wandergeist ausgebrochen sein. Obgleich in diesen Gegenden Einladungen aus Amerika mit den Versprechungen eines besseren Zustandes von früher Ausgewanderten angelangt sind, so wird doch nicht dieses, sondern die Armut und eingetretene gänzliche Nahrungslosigkeit als die Hauptursache der angefangenen Auswanderung angesehen und von der landrätlichen Behörde ausdrücklich genannt. In dieser Voraussetzung wäre von der Auswanderungssucht, die ohnehin anzustehen pflegt, bei dem jetzigen Verfall so mancher Gewerbe sehr vieles zu fürchten, besonders wenn die Habsucht auf diese Spur geraten sollte und mit ihren gewöhnlichen Anwerbungsmitteln sich dazwischen legen würde. Wir sind daher der Meinung gewesen, daß dem Übel bei dem Entstehen am besten entgegenzuwirken sei, und daß, da hier kein Zwang eintreten darf, die armen nahrungslosen Menschen vielleicht am besten durch einige Unterstützungen und Verschaffung von Arbeitsverdienst von ihrem Vorsatz zurückgehalten werden könnten."

Staatsarchiv Münster, Rep. Oberpräsidium Nr. 350, vol. 1, Bl. 30

Auswanderungsgründe in England 1826. Bericht eines Farmers in East Sussex an das Select Committee on Emigration from the United Kingdom:

13 „Ich bin der Meinung, daß besonders in diesem Landesteil die Auswanderung sowohl seitens der Regierung als auch seitens der meisten Pfarreien sehr ernst genommen werden sollte.

Wenn wir mit dem Überangebot an Arbeitskräften nicht fertig werden können, müssen wir schon bald mit furchtbaren Folgen rechnen. Fast jede Pfarrei in diesem Landesteil hat einen großen Überhang an Arbeitskräften, die zudem eine hohe Zuwachsrate aufweisen. Die Hauptsache für diese Entwicklung liegt in der allzu großzügigen Armenfürsorge seitens der Behörde.

Ich selbst beschäftige ungefähr 80 Arbeiter und kann beruhigt sagen, daß sie folgendes verdienen:

60 von ihnen erhalten einen Wochenlohn von 13–14 Schilling; die verbleibenden 20 erhalten weniger, und zwar wöchentlich 10–11 Schilling. Obwohl ich diese Löhne zahle, könnte ich sie leicht alle auf 10 Schilling wöchentlich herabsetzen, da wir einen beträchtlichen Überschuß haben, der wenig oder gar nichts schafft. Unser Wunsch jedoch geht dahin, jeden von der Armenfürsorge fernzuhalten, der nicht mehr als drei arbeitsunfähige Kinder hat.

Außerdem muß ich in diesem Zusammenhang bemerken, daß es in dieser Gegend, soweit ich mich erinnere, noch nie so schwierig war, Geld zu beschaffen, um Arbeitsplätze zu finanzieren und den Unterhalt der Armen zu bestreiten."

Edith Abbott, Historical Aspects of the Immigration Problem. Select Documents, Chicago 1926, S. 63

14 Menschenverlust durch Auswanderung:

a) Deutsche Auswanderung in Tausend

1820–1829	50	1871–1880	626
1830–1839	210	1881–1890	1343
1840–1849	480	1891–1900	529
1850–1859	1161	1901–1910	280
1861–1870	782	1911–1913	69

Zusammengestellt aus: Ploetz, a.a.O., S. 162, 226

b) Ausreise aus britischen Häfen in Tausend

1815–1820	124	1853–1860	1743
1821–1830	250	1861–1870	1572
1831–1840	703	1871–1880	1679
1841–1850	1649	1881–1890	2559
		1891–1900	1743

Zusammengestellt aus: Ploetz, a.a.O., S. 147, 203

c) Irische Auswanderung in Tausend

1845	78	1849	219	1853	230
1846	110	1850	214	1854	152
1847	218	1851	255	1855	71
1848	188	1852	225		

insgesamt 1845–1855: 9160

Zusammengestellt aus: Ploetz, a.a.O., S. 149

Zum Vergleich:

d) Einwanderer in die USA [*]

Herkunftsgebiet	1820–1860		1861–1890		1891–1920	
	in Tsd.	je 100 Einw.	in Tsd.	je 100 Einw.	in Tsd.	je 100 Einw.
Großbritannien	794,3	15,7	1962,3	19,0	1138,9	6,3
Irland	1956,6	38,7	1528,1	14,7	837,7	4,8
Deutschland	1546,5	30,6	2958,6	28,5	990,6	5,4
insgesamt	5062,4	100,0	10373,6	100,0	18218,8	100,0

Zusammengestellt aus: Ploetz, a.a.O., S. 184, 185, 258 f., 261

[*] Bis 1868 sind alle Einreisenden, bis 1903 alle ankommenden Einwanderer, ab 1903 alle zugelassenen Einwanderer gezählt.

II. Daten zur Entwicklung von Wirtschaft und Technik

15 Zeittafel zur technischen Entwicklung

1690 Denis Papin baut in Marburg die erste Kolbendampfmaschine
1705 Newcomen und Cowley entwickeln die erste brauchbare Kolbendampfmaschine
1735 A. Darby gewinnt Koks aus Kohle
1738 P. Lewis erfindet mechanisches Verfahren, Baumwolle zu krempeln
1740 Huntsman entwickelt den Tiegelgußstahl
1745 Dampfmaschine nach dem System Newcomen/Cowley zum Wasserheben in einem Kohlenschacht der Askton Vale Iron Company in Bedminster bei Bristol aufgestellt (noch um 1900 in Betrieb)
1750 erste Metallwalzwerke in England und Frankreich gegründet
1766 erster Hochofen in England
1767 Hargrevaes erfindet die „Spinning Jenny“
1769 R. Arkwright erfindet die durch Wasserkraft angetriebene Spinnmaschine (Arkwrigths Fabrik in Nottingham gilt als erste „moderne“ Fabrik)
1769 erstes Patent Watts auf eine Dampfmaschine
1774 und 1776 Claude Jossroy: erste Versuche mit Dampfmaschinen auf Seine und Doubs
1775 „Mule-Jenny“ (verbesserte Spinnmaschine) durch S. Crompton erfunden
1780 Puddelverfahren in der englischen Eisenindustrie eingeführt
um 1780 der „Riemengang“ (Flechtmaschine) im Wuppertal erfunden
1782 Watt konstruiert eine Dampfmaschine mit Übersetzung der Kolbenbewegung in Drehbewegung
1782 Dampfmaschine als Betriebsmaschine in der Eisenindustrie eingeführt
1783—1785 Miller und Symington: erste Versuche mit Dampfschiffbau in England
1784 J. G. Brügelmann gründet die erste mechanische Spinnerei in Deutschland („Cromford“ bei Ratingen)
1785 erste deutsche Dampfmaschine auf dem Hettstedter Schacht im Mansfelder Bergrevier in Betrieb genommen
1785 Dampfmaschinen in der Spinnerei als Antriebsmaschinen
1786 E. Cartwright entwickelt den ersten brauchbaren mechanischen Webstuhl
1792 W. Murdock entwickelt erste Gasbeleuchtungsanlage
1794–1796 Bau des ersten deutschen Kokshochofens in Gleiwitz
1797 erste eiserne Brücke auf dem Kontinent bei Striegau (Niederschlesien)
1799 Königshütte als zweites deutsches Hochofenwerk gebaut

1802 Fabrik Cockerills für Textilmaschinen in Lüttich gegründet (später auch Dampf- und Schiffsmaschinenbau; James Cockerill)
1803 erste Lokomotive (gebaut von Trevithick und Vivian) in einem Kohlenbergwerk
1804 Versuche Evans mit Straßendampfwagen in Philadelphia
1807 erstes Dampfschiff (Clarendon) durch Fulton in New York gebaut
1808 Anfänge der Gasbeleuchtung in London
1808 Jacquard-Webstuhl (Webstuhl für gemusterte Stoffe) in Lyon erfunden
1810–1814 König und Bauer bauen die ersten Schnellpressen in Eisleben und Stuttgart (erste Zeitung, die mit solcher Presse gedruckt wird, ist 1812 die Times)
1812 Erfindung der Schiffsschraube durch J. Ressel
1814 erste Lokomotive von Stephenson
1815 Entwicklung des Gußstahls durch Friedrich Krupp in Essen
1819 erste Ozeanüberquerung USA–Europa durch den Raddampfer Savannah (26 Tage)
1819 Mechanische Werkstätte Harkort & Co (Kamp) in Wetter gegründet („Pionierwerkstätte der deutschen Industrie"; 1820 erste Dampfmaschine gebaut, 1826 Puddel- und Walzwerk)
1821 erste Jacquard-Maschine in Barmen durch Vermittlung der preußischen Regierung aufgestellt
1825 erste Eisenbahn für Personenverkehr in England: Stockton–Darlington
1826 Gasbeleuchtung in Berlin
1829 Ressel entwickelt das erste schraubengetriebene Dampfschiff
1830 Eisenbahn Liverpool–Manchester
1833 erste telegraphische Nachrichtenübermittlung durch Gauß und Weber in Göttingen
1835 erste deutsche Eisenbahn: Nürnberg–Fürth
1837 Schreibtelegraph durch S. Morse entwickelt
1838/39 Daguerre und Fox: Photographie
1855 Bessemer-Verfahren, 1879 Thomas-Verfahren zur Stahlerzeugung
1861 Ph. Reis erfindet das Telefon

16 Daten zur wirtschaftlichen Entwicklung

a) Kohlenförderung und Eisenausstoß in Großbritannien in Mill. tons:

Kohlenförderung		Eisenausstoß	
1770	6,2	1806	0,25
1816	16,0	1823	0.45
1826	21,0	1828	0,70
1836	30,0	1835	1,0
1846	44,0	1840	1,5
1850	50,0	1847	2,0
1856	56,0	1855	3,2

J. H. Clapham, An Economic History of Modern Britain. The Early Railway Age 1820–1850, 2. Aufl. Cambridge 1930

b) Steinkohlenförderung 1860–1910 in Mill. t:

	Ruhrgebiet	Deutschland	Großbritannien
1860	4,4	12,3	81,3
1870	11,8	23,3	112,2
1880	22,5	42,2	149,3
1890	35,5	64,4	184,5
1900	60,1	109,3	228,8
1910	89,1	151,1	268,7

Aus: Max Koch, Die Bergarbeiterbewegung im Ruhrgebiet zur Zeit Wilhelms II., Düsseldorf 1954, S. 140

c) Verbrauch an Rohbaumwolle in Deutschland in Tausend t netto:

Durchschnitt der Jahre		Durchschnitt der Jahre	
1836–1840	8,9	1871–1875	116,4
1841–1845	13,2	1876–1880	124,5
1846–1850	15,8	1881–1885	152,3
1851–1855	26,4	1886–1890	201,0
1856–1860	46,5	1891–1895	252,4
1861–1865	46,8	1896–1900	302,3
1866–1870	68,3		

Aus: v. Juraschek, Artikel „Baumwollindustrie“, Handwörterbuch der Staatswissenschaft, Bd. II, 3. Aufl. 1909, S. 690

d) Außenhandel des Zollvereins in Mill. Tlr.:

	Wert der Einfuhr	Wert der Ausfuhr
1834	105,94	143,62
1842	188,67	162,94
1854	269,12	334,19
1857	354,31	354,31
1860	365,06	466,39

A. Sartorius v. Waltershausen, Deutsche Wirtschaftsgeschichte 1815–1914, Jena 1920, S. 202

e) Außenhandel Deutschlands und Großbritanniens in Mill. Mark:

	Deutschland[10]		Großbritannien	
	Wert d. Einfuhren	Wert d. Ausfuhren	Wert d. Einfuhren	Wert d. Ausfuhren
1885	3 128,0	3 088,1	7 578,9	5 546,2
1890	4 518,0	3 677,2	8 594,7	6 706,2
1895	4 433,0	3 662,3	8 513,0	5 839,5
1900	6 128,7	4 960,2	10 670,7	7 229,2
1905	7 470,0	6 077,8	11 526,4	8 315,0
1910	9 535,1	8 079,7	13 836,4	10 896,6

Aus: Statistisches Jahrbuch für das Deutsche Reich, Jg. 26, 1905, S. 30/31, Jg. 33, 1912, S. 54/55

f) Entwicklung des Eisenbahnnetzes[11] Streckenlänge in km am Jahresende:

	Deutschland	Großbritannien		Deutschland	Großbritannien
1840	549	1 348	1880	33 838	28 854
1850	6 044	10 653	1890	42 869	32 297
1860	11 633	16 787	1900	49 878	35 462
1870	19 575	24 999	1910	61 148	37 579

[10] Bis 1905 deutsches Zollgebiet, 1910 deutsches Wirtschaftsgebiet.

[11] Großbritannien 1901.

Adam Smith[12] über Arbeitsteilung:

17 „Nehmen wir also ein Beispiel von einem sehr unbedeutenden Betriebe, der jedoch sehr oft wegen der darin herrschenden Teilung der Arbeit angeführt worden, nämlich von dem Geschäfte des Nadlers, so könnte ein für dies Geschäft, aus dem die Teilung der Arbeit ein eigenes Gewerbe gemacht hat, nicht angelernter Arbeiter, der mit dem Gebrauch der dazu verwendeten Maschinen, zu deren Erfindung wahrscheinlich erst die Teilung der Arbeit Veranlassung gegeben hat, nicht vertraut wäre, vielleicht mit dem äußersten Fleiße täglich kaum eine, gewiß aber keine zwanzig Nadeln machen. In der Art aber, wie dies Geschäft jetzt betrieben wird, ist nicht allein die ganze Verrichtung ein eigenes Gewerbe, sondern es ist auch in eine Anzahl von Zweigen eingeteilt, von denen die meisten ebenfalls eigene Gewerbe sind. Ein Mann zieht den Draht, ein anderer streckt ihn, ein dritter schneidet ihn in Stücke ab, ein vierter spitzt ihn zu, ein fünfter schleift ihn am oberen Ende, wo der Kopf angesetzt wird; die Verfertigung des Kopfes erfordert zwei oder drei verschiedene Verrichtungen; das Ansetzen derselben ist ein eigenes Geschäft, die Nadeln weiß zu glühen ein anderes; sogar das Einstecken der Nadeln in Papier bildet eine Arbeit für sich. Und so ist das wichtige Gewerbe, Stecknadeln zu machen, in ungefähr achtzehn verschiedene Operationen geteilt, die in manchen Fabriken alle von verschiedenen Händen verrichtet werden, während in andern manchmal derselbe Mann zwei oder drei verrichtet. Ich habe eine kleine Fabrik dieser Art gesehen, wo nur zehn Menschen beschäftigt waren und manche daher zwei oder drei verschiedene Verrichtungen zu erfüllen hatten. Obgleich nun diese Leute sehr arm und darum nur notdürftig mit den erforderlichen Maschinen versehen waren, so konnten sie doch, wenn sie tüchtig arbeiteten, zusammen etwa zwölf Pfund Stecknadeln täglich liefern. Ein Pfund enthält über viertausend Nadeln von mittlerer Größe. Jene zehn Personen konnten mithin zusammen täglich über achtundvierzigtausend Nadeln machen. Jeder Einzelne kann daher, da er den zehnten Teil von achtundvierzigtausend Nadeln machte, als Verfertiger von viertausendachthundert Nadeln an einem Tage angesehen werden. Hätten sie jedoch alle einzeln und unabhängig voneinander gearbeitet und wäre keiner für sein besonderes Geschäft angelernt worden, so hätte gewiß keiner zwanzig, vielleicht nicht eine Nadel täglich machen können, d. h. nicht den zweihundertvierzigsten, vielleicht nicht den vier-

[12] Englischer Moralphilosoph und Nationalökonom, geb. Kirkcaldy (Schottland) 5. 6. 1723, gest. Edinburgh 17. 7. 1790.

tausendachthundersten Teil von dem, was sie jetzt in Folge einer geeigneten Teilung und Verbindung ihrer verschiedenen Verrichtungen zu leisten im Stande sind.“ *Untersuchung über das Wesen und die Ursachen des Volkswohlstandes, übers. von F. Stöpel, Bd. 1, Berlin 1878, S. 7/8*

Matthew Boulton[13]: „Statement of Facts“, London, Februar 1787:

18 „Am 25. des vergangenen Monats kam Richard Cartwright, einer der Beschäftigten in der Fa. Boulton und Watt, zu seinen Arbeitgebern nach London und informierte sie darüber, daß am Morgen jenes Tages drei Personen die Brauerei Barclay und Perkin besucht hätten. Dabei hätte ihnen ein Bürogehilfe erlaubt, das neue Maschinenhaus zu besichtigen. Das sei zu einer Zeit geschehen, als mit Ausnahme eines jungen Mannes, der von der Maschine keine Ahnung gehabt hätte, alle übrigen Arbeiter beim Mittagessen gewesen wären. Eine der Personen hätte nach seinen Angaben den Namen Graf Vidi geführt, und sobald sie das Maschinenhaus betreten hätten, hätte ein anderer damit begonnen, die Maschine abzuzeichnen. Den Gehilfen hätten sie gebeten, die Maschine abzustellen, und der hätte ihnen diesen Wunsch erfüllt. Danach hätten sie ihn ersucht, den Kühlerbehälter zu leeren. Seine Antwort wäre jedoch gewesen, daß er sich nicht traue, da er die Maschine hinterher nicht wieder in Gang setzen könne. Zugleich aber hätte er darauf verwiesen, daß Cartwright es könne, da er die Maschine aufgestellt habe. Ihrer anschließenden Bitte, er möge sie nach Cartwrights Wohnung führen, hätte er entsprochen. Dort hätten sie Cartwright gebeten, mit zu deren Wohnung zu gehen, wozu er bereit gewesen wäre, als man ihm (wie er sagt) mitgeteilt hätte, daß der Graf Freiherr vom Stein[14] sei. Er führte aus, daß der Freiherr seine Tüchtigkeit sehr herausgestellt und betont hätte, daß er ein hohes Einkommen beanspruchen könne, und als Entgelt für seinen Zeitverlust an jenem Tage hätte er ihm zwei Guineen gegeben. Dann hätte er Cartwright eingeladen, sie nach Cornwall und Staffordshire zu begleiten, um ihnen sämtliche neuen Maschinen zu zeigen, die in den beiden Grafschaften aufgestellt worden wären. Er hätte sich sogar bemüht, wenn wir Cartwright Glauben schenken können, ihn zu überreden, mit ins Ausland zu gehen. Anschließend hätte er Cartwright einige Zeichnungen vorgelegt und um Korrektur gebeten, was dieser bereitwilligst übernommen habe. Da nun die Herren Boulton und Watt[15] zur gleichen Zeit in der Stadt

[13] Englischer Industrieller, geb. 3. 9. 1728, gest. 17. 8. 1809.
[14] Staatsmann, geb. Nassau (Lahn) 25. 10. 1757, gest. Cappenberg 29. 6. 1831.
[15] James Watt, Feinmechaniker, geb. 1736, gest. 1819.

gewesen wären, hätte er sich zu ihnen begeben, um sie über das Geschehene zu informieren. Sie hätten ihn jedoch trotz seines Diensteifers dafür getadelt, Geld angenommen zu haben, und zur Vermeidung weiteren Ärgers von London fortgeschickt."

Freiherr vom Stein, Briefe und amtliche Schriften, Bd. 1, bearb. von E. Botzenhart, hrsg. von W. Hubatsch, Stuttgart 1957, S. 250 f.

Peter Christian Wilhelm Beuth[16]: Rede bei Eröffnung des Vereins zur Beförderung des Gewerbfleißes in Berlin am 15. Januar 1821:

19 „Wer in einem Lebensverhältnis, welches es sei, still steht, der steht nur scheinbar still, die Wahrheit ist, er geht zurück; es gibt nur Vorschreiten und Rückschreiten im Leben. – Diese Wahrheit ist nirgends sichtbarer als beim Betrieb der Gewerbe. Der Gewerbtreibende lebt im Wettstreit mit seinen nächsten Gewerbsgenossen, mit den Gewerbsgenossen desselben Landes, mit denen der übrigen Welt: alle suchen es ihm zuvorzutun, ihm den Rang abzugewinnen. Wie auch diese Konkurrenz angefeindet werden mag, wir Preußen dürfen nicht vergessen, daß sie allein viele Tausende unserer Mitbürger erhält. – Ohne die Freiheit, fremde Märkte mit unseren Waren zu besuchen, würden unsere Leinenwaren, unsere Wollwaren, unsere Baumwollwaren, unsere Seidenwaren, unsere Eisenwaren keinen Absatz im Ausland finden; Schlesien, Westfalen, der Niederrhein, Sachsen, Brandenburg würden einen großen Teil der Bevölkerung, des Wohlstandes entbehren, deren sie genießen. Uns unseren Absatz, soviel es an uns liegt, nicht nur zu erhalten, sondern ihn auch zu erweitern, erfordert unsere Bürgerpflicht; nicht nur die Liebe für uns selbst, sondern auch die höhere, für unsere näheren und ferneren Mitbürger, für das Vaterland."

Conrad Matschoß, Preußens Gewerbeförderung u. ihre großen Männer, Berlin 1921, S. 119

Friedrich Harkort[17] über die „Mechanische Werkstätte":

20 „Im Jahr 1819 erwarben die Unternehmer der ‚Mechanischen Werkstätte' die alte Burg käuflich vom Staate, und die Industrie zog ein in die leergelassenen Räume, welche rasch einer Vergrößerung bedurften. – Heinrich Kamp in Elberfeld, der tätigste Mann des Gemeinwesens seiner Stadt, wagte die Mittel an ein schwieriges Unternehmen, und Friedrich Harkort übernahm die Leitung; Sachverständige wurden aus England herübergeschafft.

[16] Preußischer Minister, geb. Cleve 28. 12. 1781, gest. Berlin 27. 9. 1853.

[17] Industrieller, geb. Harkorten 22. 2. 1793, gest. Dortmund 6. 3. 1880.

Thomas und Godwin waren die ersten englischen Ingenieure ... Sein [Godwins] Sohn George, welcher vom Onegasee kam, führte die jetzt allgemein gebräuchlichen vertikalen Bohrmaschinen für kleine Arbeiten ein. Treviranus, von Bremen gebürtig, hatte bei Fraunhofer[18] in München und Herschel[19] in England gearbeitet. Tischbein kam von den Werften Rotterdams; Master Obrey, aus der berühmten Werkstätte Maudsley's in London, war der erste Gießermeister; ihm folgten Richmond, Roose und Potter. Der Buchhalter Rethel war ein Mann von feiner Bildung und Vater des berühmten Malers, welcher sich im Kaisersaal zu Aachen verewigte; ihm stand Trappen redlich zur Seite. Der Chemiker Goldammer leitete den Grubenbau und hielt Vorträge über die Naturwissenschaften; der Modelleur Sudhaus gab Unterricht im Zeichnen. Friedrich Mohl führte die Filialwerkstätte am Monbijou-Platz in Berlin, welche er, später selbständig, zu einem sehr bedeutenden Rufe in Anfertigung der Tuch-Appretur-Maschinen brachte.

Kunisch, als Werkführer der ausgezeichnetste Bankarbeiter, welcher je eine Werkstätte betreten, kam aus Prag. Es gab eine Zeit, wo der Stab des Werkes jährlich 12 000 Tlr. für Gehälter in Anspruch nahm.

1827 fand die Errichtung des ersten Puddling-[20] und Walzwerkes durch Hilfe englischer Arbeiter statt.

Swift hieß der erste Walzer, Lewis der Hammerschmied, Mac Mullen der Puddlermeister.

Das Verfahren verbreitete sich rasch in der Grafschaft Mark und kam von Wetter aus, durch Ingenieure, Arbeiter und gelieferte Maschinen, auch nach Schlesien. Die Revolution in der Eisenfrischerei und Stabeisenstreckung war in wenigen Jahren eine vollendete Tatsache.

1826 wurde der eiserne Hochofen, unter Beistand des Oberhütteninspektors Zintgraff, im Werke angeblasen; Arndt war der Name des braven Hüttenmeisters.

Der alte Eisenstein-Bergbau bei Voerde und Zur Straße ward aufgenommen und Rasenerz bei Castrop gewonnen.

Der Chemiker Goldammer machte um diese Zeit die erste Analyse des heute bekannten Blakbands aus dem Hörder Reviere, welcher versuchsweise, bei zu schwachem Gebläse, am hiesigen Hochofen verschmolzen wurde.

Die Henriettenhütte bei Olpe ward 1830 erbaut, und der eiserne Hochofen bewährt sich bis auf den heutigen Tag, trotz aller Abmahnungen der damaligen Sachverständigen! Der Grubenbau der Umgegend gewann größeres Leben: Valberg, Löh, Molitor und

[18] Joseph von Fraunhofer, Astronom, geb. 1787, gest. 1826.

[19] Friedrich Wilhelm Herschel, Astronom, geb. 1738, gest. 1822.

[20] Werk zur Stahlherstellung im Puddle-Verfahren.

andre Gruben wurden durch die Hütte aufgenommen. Steiger Junge bewährte Treue und Umsicht.
Durch Goldammer kamen die bedeutenden Lager von Roteisenstein bei Wetzlar in den Besitz der hiesigen Firma.
Die Opfer und Schwierigkeiten waren groß. Der Übermut und die Völlerei der Ausländer, Mangel an passenden Materialien und guten Wegen, die Unerfahrenheit der hiesigen Arbeiter – all dies führte eine Menge Übelstände herbei, welche man heute nicht mehr kennt. Allein durch Beharrlichkeit behauptete sich die neue Industrie! Sie hat die alte feudale Burg erobert und in ihr einen bleibenden Sitz aufgeschlagen, in welchem Eisen und Stahl in die mächtigsten Waffen des Gewerbefleißes umgeschaffen werden."

Friedrich Harkort, Geschichte des Dorfs, der Burg und der Freiheit Wetter als Beitrag zur Geschichte der Grafschaft Mark, Hagen 1856, S. 37–39

Bruno Hildebrand[21]: Lob der Maschine:

21 „Darin besteht eben die nächste weltgeschichtliche Bedeutung der Maschinen, daß sie die arbeitenden Klassen aus der Trägheit und Unwissenheit, aus dem dumpfen und gedankenlosen Hinbrüten herausgerissen und in ihnen mit dem Kraftbewußtsein, mit der Beharrlichkeit in der Arbeit und mit dem Unternehmungsgeiste auch das Streben nach einem menschlicheren und würdigeren Lose in der Geschichte erzeugt haben, daß sie den arbeitenden Klassen erst die geistigen und moralischen Eigenschaften verliehen haben, ohne welche eine gründliche und dauernde Verbesserung ihrer sozialen Lage unmöglich ist. Während der Arbeiter der Vergangenheit in einem halbtierischen Zustande träge und arbeitsscheu hinvegetierte und niemals über den nächsten Gesichtskreis hinaus seine Gedanken erweiterte, fühlt der Arbeiter der Gegenwart, der im Verkehr mit den Maschinen aufgewachsen ist, daß er mit den Fähigkeiten seines Kopfes und seines Armes auch an dem großen Baue der Geschichte mitarbeitet."

Die Nationalökonomie der Gegenwart und Zukunft und andere gesammelte Schriften, Bd. 1, hrsg. von H. Gehrig, Jena 1922, S. 185/186

Schlesische Eisenindustrie:

22 „Königshütte im Kreise Beuthen des Reg.-Bez. Oppeln. Dieses wichtige Etablissement wurde im Jahr 1798 anfänglich mit zwei Hochöfen gegründet, die nach dem Vorgange des Königlichen

[21] Volkswirt, Vertreter der älteren historischen Schule der Nationalökonomie, geb. Naumburg 6. 3. 1812, gest. Jena 29. 1. 1878.

Eisenhüttenwerks zu Gleiwitz, statt der bis dahin in Oberschlesien allgemein üblich gewesenen Holzkohlen, mit Koks betrieben wurden. Zu diesen beiden Öfen wurden später noch zwei dergleichen gefügt, so daß gegenwärtig vier Koks-Hochöfen von 43 Fuß Höhe in Betrieb sind. Den nötigen Steinkohlenbedarf liefert die nur etwa 1000 Schritte von der Hütte entfernte Königsgrube, von wo die Kohlen auf einem Schienenwege unmittelbar auf die Halde hinter der Hütte gebracht, dort in freien Haufen verkokt und auf die Gicht[22] befördert werden. Zu dieser geringen Entfernung des benötigten Brennmaterials kommt noch die große Nähe des Kalkgebirges, aus welchem bei den Dörfern Lagiewnik und Chorzow, einige tausend Schritte von der Hütte entfernt, die Zuschläge[23] entnommen werden, sowie nicht minder die Nähe der zu verhüttenden Erze, um die Lage der Königshütte als sehr günstig erscheinen zu lassen.“

Amtlicher Bericht über die allgemeine Deutsche Gewerbe-Ausstellung zu Berlin im Jahre 1844, Bd. 2, Berlin 1846, S. 23

W. O. Henderson über die schlesische Eisenindustrie:

23 *„In den neunziger Jahren des 18. Jahrhunderts gründete Reden in Gleiwitz und Königshütte zwei bedeutende, moderne staatliche Hüttenwerke. In Gleiwitz bauten John Baildon, ein schottischer Ingenieur, und seine deutschen Mitarbeiter Wedding und Bogatsch in den Jahren 1794–96 am Klodnitz-Kanal einen Kokshochofen, dessen Antriebskraft in einem Wasserrad bestand. In Deutschland war es der erste Hochofen mit Koksfeuerung. Frühere Versuche, mit Koks Eisen zu schmelzen, waren sämtlich in Schmelzöfen durchgeführt worden, die mit Holzkohle befeuert wurden. Erstmals wurde der Gleiwitzer Hochofen am 21. September 1796 angeblasen, und nach anfänglichen Schwierigkeiten konnte am 10. November die Produktion von Roheisen endgültig aufgenommen werden. Vier Jahre später belief sich der wöchentliche Ausstoß auf 20 Tonnen. Um die Leistungsfähigkeit des Hochofens zu steigern, wurde ein Gebläse (von Holtzhausen konstruiert) installiert. Als Antriebskraft diente eine Dampfmaschine der Fa. Boulton und Watt (1807). Die Produktionssteigerung war jedoch nur geringfügig; und selbst 1834 lag der wöchentliche Ausstoß an Roheisen immer noch unter 30 Tonnen.“*

The State and the Industrial Revolution in Prussia 1740–1870, Liverpool 1958, S. 16/17

[22] Der oberste Teil zur Aufnahme der Beschickung der Hochöfen.
[23] Zusätze schlackenbildender Materialien beim Hochofenprozeß.

III. Die neue Welt der Industrie

Alexis de Tocqueville[24]: Die neue Welt der Industrie:

„Manchester, 5. Juli 1835

24 ... Eine wellige Ebene, oder eher eine Anhäufung kleiner Hügel. Am Fuß dieser Hügel ein nicht sehr breiter Fluß [der Irwall], der langsam zum Irländischen Meer hinfließt. Zwei Bäche [der Medlok und der Irk], die überall zwischen den Bodenerhebungen hindurchlaufen und sich nach tausend Umwegen in den Fluß ergießen. Drei Kanäle, von Menschenhand gemacht, die an genau der gleichen Stelle ihre stillen, trägen Fluten zusammenströmen lassen. Über dieses wasserreiche Gebiet, zu dessen Bewässerung Natur und Kunst gemeinsam beigetragen haben, sind wie durch Zufall Paläste und Hütten verstreut. In der äußeren Erscheinung der Stadt zeugt alles von der persönlichen Macht des einzelnen Menschen, nichts von der geregelten Gewalt der Gesellschaft. Die menschliche Freiheit enthüllt auf Schritt und Tritt ihre eigenwillige und schöpferische Kraft. Nirgends erweist sich die langsame und beständige Tätigkeit der Regierung.

... Auf dem Gipfel der Hügel, die ich eben beschrieben habe, erheben sich dreißig oder vierzig Fabriken. Mit ihren sechs Stockwerken ragen sie hoch in die Luft. Ihr unabsehbarer Bereich kündet weithin von der Zentralisation der Industrie. Um sie herum sind gleichsam willkürlich die ärmlichen Behausungen der Armen verteilt; auf unzähligen gewundenen schmalen Pfaden gelangt man dorthin. Zwischen ihnen liegt unbebautes Land, das nicht nur den Reiz ländlicher Natur hat, ohne schon die Annehmlichkeiten der Stadt zu bieten. Der Boden dort ist schon aufgewühlt, an tausend Stellen aufgerissen; aber er ist noch nicht von menschlichen Siedlungen bedeckt. Dies sind die Steppen der Industrie. Die Straßen, welche die einzelnen, noch schlecht zusammengefügten Teile der großen Stadt miteinander verbinden, bieten wie alles andere das Bild eines hastigen und noch nicht vollendeten Werkes: die rasche Leistung einer gewinnsüchtigen Bevölkerung, die Gold anzuhäufen versucht, um dann mit einem Schlag auch alles andere zu haben, und bis dahin die Bequemlichkeiten des Lebens verschmäht. Einige dieser Straßen sind gepflastert, aber die Mehrzahl besteht aus Buckeln und schlammigem Boden, in dem der Fuß des Passanten oder der Wagen der Reisenden einsinkt. Kehrichthaufen, Trümmer von Häusern, Lachen mit fauligem Wasser erscheinen da und dort vor allen Häusern der

[24] Französischer Geschichtsschreiber und Politiker, geb. Verneuil 29. 7. 1805, gest. Cannes 16. 4. 1859.

Einwohner oder auf der mit Höckern und Löchern durchsetzten Fläche der öffentlichen Plätze. Nirgendwo haben die Grundwaage des Geometers und das Band des Feldmessers ihre Arbeit verrichtet. Aus diesem übelriechenden Labyrinth, inmitten dieses unermeßlichen und düsteren Ziegelhaufens ragen hin und wieder herrliche Steinpaläste auf, deren kannelierte Säulen das Auge des Fremden überraschen. Man denkt an eine mittelalterliche Stadt, in der sich die Wunderwerke des 19. Jahrhunderts hinbreiten. Wer aber vermöchte das Innere jener abseits gelegenen Viertel zu beschreiben, der Schlupfwinkel von Laster und Elend, welche die gewaltigen Paläste des Reichtums mit ihren abscheulichen Windungen umfangen und erdrücken? Über dem Landstreifen, der tiefer liegt als der Flußspiegel und überall von gewaltigen Werkstätten beherrscht wird, erstreckt sich ein Sumpfgebiet, das durch die in großen Abständen angelegten Gräben weder trockengelegt noch saniert werden konnte. Dort enden gewundene und enge Gäßchen, gesäumt von einstöckigen Häusern, deren schlecht zusammengefügte Bretter und zerbrochene Scheiben schon von weitem eine Art letzten Asyls ankünden, das der Mensch zwischen Elend und Tod bewohnen kann.

Unter diesen elenden Behausungen befindet sich eine Reihe von Kellern, zu der ein halb unterirdischer Gang hinführt. In jedem dieser feuchten und abstoßenden Räume sind zwölf bis fünfzehn menschliche Wesen wahllos zusammengestopft ...

Um dieses Elendsquartier herum schleppt einer der Bäche, die ich vorhin beschrieben habe, langsam sein stinkendes Wasser, das von den Industriearbeiten eine schwärzliche Farbe erhält. Er wird in seinem Lauf nicht durch Kaimauern eingeschlossen. Die Häuser sind willkürlich an seinen Ufern errichtet worden. Von der Höhe seiner abschüssigen Ufer sieht man, wie er sich mühselig zwischen Erdbrocken, halbfertigen Wohnstätten oder frischen Ruinen seinen Weg bahnt. Das ist der Styx dieser modernen Unterwelt.

Wer jedoch den Kopf hebt, wird sehen, wie sich rings um diesen Ort die ungeheuren Paläste der Industrie erheben. Er wird den Lärm der Öfen, das Pfeifen des Dampfes hören ...

Hier ist der Sklave, dort der Herr; dort findet sich Reichtum einiger weniger, hier das Elend der großen Zahl; dort bringen die organisierten Kräfte der Menge zum Nutzen eines Einzelnen hervor, was die Gesellschaft zu leisten noch nicht vermocht hat. Hier zeigt sich die Schwäche des Individuums gebrechlicher und hilfloser als mitten in der Wüste.

Ein dichter schwarzer Qualm liegt über der Stadt. Durch ihn hindurch scheint die Sonne als Scheibe ohne Strahlen. In diesem verschleierten Licht bewegen sich unablässig dreihunderttausend menschliche Wesen. Tausend Geräusche ertönen unablässig in diesem feuchten und finsteren Labyrinth. Aber es sind nicht die gewohnten Geräusche, die sonst aus den Mauern großer Städte aufsteigen.

Die Schritte einer geschäftigen Menge, das Knarren der Räder, die ihre gezahnten Ränder gegeneinander reiben, das Zischen des Dampfes, der dem Kessel entweicht, das gleichmäßige Hämmern des Webstuhles, das schwere Rollen der sich begegnenden Wagen – dies sind die einzelnen Geräusche, die das Ohr unentwegt treffen. Nirgends ist der Hufschlag von Pferden zu hören, die den reichen Bewohner zu seiner Wohnung oder zu seinen Vergnügungen tragen. Nirgends der Ausbruch von Freude, fröhliche Rufe, der Zusammenklang von Instrumenten, die einen Festtag ankünden. Nirgends begegnet das Auge der glücklichen Behäbigkeit, die ihre Muße in den Straßen der Stadt spazierenführt oder auf dem nahen Land einfache Freuden sucht. Ständig drängt sich die Menge in dieser Stadt, aber ihre Schritte sind hart, ihre Blicke zerstreut, ihr Ausdruck ist finster und roh ...

Inmitten dieser stinkenden Kloake hat der große Strom der menschlichen Industrie seine Quelle, von hier aus wird er die Welt befruchten. Aus diesem schmutzigen Pfuhl fließt das reine Gold. Hier erreicht der menschliche Geist seine Vollendung und hier seine Erniedrigung; hier vollbringt die Zivilisation ihre Wunder, und hier wird der zivilisierte Mensch fast wieder zum Wilden[25] ..."

Alexis de Tocqueville, Notizen von einer Reise nach England (1835), in: Das Zeitalter der Gleichheit, eine Auswahl aus dem Gesamtwerk, hrsg. von Siegfried Landshut; Kröners Taschenausgabe, Bd. 221, Stuttgart 1954, S. 245–248

Thomas Charles Banfield über die Hüttenwerke in Oberhausen, 1848:

25 „Die Hüttenwerke in Oberhausen nehmen nach grober Schätzung eine Fläche ein, die man mit dem Low Moor in Yorkshire vergleichen kann. Sie sind von Mauern und der Emscher umgeben, so daß zu Lande wie zu Wasser zwei Zugänge verbleiben. Alles, was ein- oder ausgeführt wird, unterliegt einer Kontrolle, und sein Gewicht wird an den Eingangstoren geprüft. Das Herzstück des Unternehmens ist das Walzwerk. Darum gruppieren sich insgesamt 37 Puddel- und Flammöfen[26], zu denen jeweils ein Hammer und die entsprechenden Walzen gehören.

[25] Die Punkte im Text sind von Tocqueville selbst gesetzt.

[26] von to puddle = rühren; geheizte Wannen zur Stahlerzeugung mit Sauerstoffzuführung durch Rühren.

Vor kurzem erst ist das Dach geändert worden, da sich herausgestellt hatte, daß seine Spannweite den Schwingungsbelastungen seitens der mächtigen Maschinen nicht gewachsen war. Nun ruht es auf gußeisernen Pfeilern, und das Ganze gleicht dem Fabrikationsraum einer Weberei. Man kann Nasmyths[27] Dampfhammer und die schottische Walze hier sehen, die den Puddelhammer ersetzen soll. Vom letzteren glaubt man, daß sein Metall- und Energieverlust zu hoch seien. Wir können feststellen, daß das Unternehmen so lief, daß kaum etwas zu wünschen übrig blieb. Man schafft ruhig und beständig wie in englischen Betrieben, obwohl Arbeiter aus allen Nationen zusammengebracht worden sind."

Industry of the Rhine. Series II: Manufactures, London 1848, S. 43/44

Alphons Thun[28] über die ersten Fabriken am Niederrhein:

26 „Und was für Gebäude waren es, in denen die ersten Fabriken etabliert wurden! Ich kenne keinen belehrenderen Vergleich zwischen der Handspinnerei und der mechanischen als denjenigen, der sich auf einer Fahrt nach Ratingen bei Düsseldorf ergibt ... Da liegt Cromford, die energische Tat eines deutschen Industriellen, im Jahre 1784 als erste Spinnerei vom Kaufmann Brügelmann aus Elberfeld gegründet. Hart vor dem Tore liegt das alte Fabrikgebäude, heute verlassen, aber der alte Geist spricht aus den einsamen Räumen. Ein fünfstöckiges Haus mit niedrigen Sälen, engen Fenstern, früher dicht aneinander gedrängten Maschinen; das Mühlwerk so eng, daß selbst der schlankste Jüngling nur mit äußerster Vorsicht zwischen der Wand und dem umgehenden Rade passieren kann; erst in meiner Gegenwart, also nach bald hundert Jahren, ordnete der Fabrikinspektor eine Schutzvorrichtung an. Dies alte Haus konnte die neue Zeit nicht vertragen; als man die neuen, rasch gehenden Maschinen aufstellte, wurde es so erschüttert, daß es oben vom Giebel aus barst und eine neue Fabrik nebenan erbaut werden mußte: hohe luftige Arbeitsschuppen mit guter Ventilation und neuen Maschinen, denen gleich alle Schutzvorrichtungen mitgegeben waren.

Eine der ältesten, aus den 1820er Jahren stammende Fabrikanlage wird noch gegenwärtig in Aachen benutzt; ich bin zurückgetaumelt, als mir die staubige, stinkende, heiße Luft aus den niedrigen Räumen durch die Tür entgegenströmte. Vielfach wurden auch alte Klöster, Schlösser und sonstige Baulichkeiten zu Werkstätten eingerichtet. In den Wollspinnereien war die Staubentwicklung noch

[27] James Nasmyth, Erfinder des Dampfhammers, geb. 1808, gest. 1890.
[28] Geb. 1854, gest. 1886.

die geringste, weil das Material geölt wurde, am größten und gefürchtetsten war sie in den Baumwollspinnereien. Man bedenke nur, daß die damaligen Wölfe, in welchen die Baumwolle durch rasche Umdrehung zerfasert und gereinigt wird, ohne Umhüllung und Abzugsventilation waren. Der ganze Raum war erfüllt von umherfliegenden Baumwollteilchen, und eine schwere Wolke von feinstem und ganz grobem Staub schwebte über den Arbeitern und drang in ihre Atmungsorgane ein; der Lärm war so entsetzlich, daß kein Wort vernommen wurde.“ *Die Industrie am Niederrhein und ihre Arbeiter, Teil 1, Leipzig 1879, S. 175/176*

Johann Conrad Fischer[29] über Boulton & Watt in Soho:

„Birmingham, 28. August 1814

27 [Herr Watt] führte mich, ganz gegen meine Erwartung, in den diesen Gegenstand umfassenden Teil seiner Fabrikgebäude in Soho. Ich erstaunte über das, was ich hier sah. Eine Beschreibung würde nichts nützen; die Vorstellung kann derselben doch nicht folgen. Ich bemerke bloß, daß nur die Masse des vorhandenen Eisens schon ungeheuer ist, die darauf verwendete Arbeit gar nicht gerechnet. Was noch nie geschah, ist hier ausgeführt, und die ehemalige unförmige Kompilation von Röhren und Zylindern bei den Dampfmaschinen ist nun ein elegantes eisernes Gebäude mit Säulen von dorischer und korinthischer Ordnung geworden. Herr Boulton, der Associé des Herrn Watt, kam auch zu uns, während wir nach Besichtigung einer Kollektion von schwedischem, sibirischem und englischem Eisen noch die Dreh- und Schmiedewerkstätte besuchten.

In letzterer bemerkte ich, die ungemein schöne Handschmiedearbeit bewundernd, auch noch etwas Geringscheinendes, aber dennoch sehr Nützliches, nämlich die Befestigung der Setz- und Schrotmeißel[30] an Stielen, die aus Haselruten gemacht, um dieselben herumgehen und mit Draht zusammengebunden sind, so daß kein Loch in das Werkzeug gemacht werden muß, um den Stiel hineinzustecken, wodurch sie dem Zerbrechen weit besser widerstehen und in der Hand nie prellen. Ein großer Vorrat von Kopiermaschinen, die sie mir in einem Magazin neben dem Comptoir zeigten, gab auch in diesem Stücke den besonderen Fleiß zu erkennen, der hier auf alle Arbeiten verwendet wird.“ *Tagebücher. Neu hrsg. von der Georg Fischer Aktiengesellschaft, Schaffhausen, bearb. von Karl Schib, Schaffhausen 1951, S. 94/95*

[29] Schweizer Metallurg, geb. Schaffhausen 22. 9. 1773, gest. Schaffhausen 26. 12. 1854.

[30] Meißel zum Schmieden; Werkzeug mit vierkantigem Stiel zum Einsetzen in ein Loch des Ambosses.

Bericht über einen Besuch in der Werkstätte des Johann Georg Bodmer[31] in Küsnacht, 1809:

28 „Ich verfügte mich also am 20. dieses nach Küsnacht am Zürchersee, wo die Bodmerschen Maschinen stehen. Mechanikus Bodmer machte Bedenken, mich einzulassen, bis ich mich nannte. Er führte mich hierauf in ein großes Zimmer in einer Mühle, wo mehrere Drehstühle und Vormaschinen am Wasser standen und in Bewegung waren. Eine kleine Spinnmaschine zum englischen Wassergarn (Troiselle) war wirklich in der Arbeit und der Vollendung nahe. Eine solche größere Maschine war zur Versendung nach Paris eingepackt. Alles, was ich sah, hatte einen Grad von Vollendung und eine Einrichtung, die wirklich ein entschiedener Beweis für die großen mechanischen Kenntnisse des Georg Bodmer sind. Außer diesem Zimmer hat er noch vier kleine Nebengebäude, worin seine Schlosser- und Schreinerei und andere Werkstätten angelegt sind. Alle diese Gebäude gehören aber dem Müller in Küsnacht, und Bodmer muß, wie er mir nachhin sagte, 50 Louisdor jährlichen Pachtzins dafür bezahlen, weil er zugleich das Mühlwasser zur Bewegung seiner Maschinen benutzen darf. Arbeiter entdeckte ich nur 4 bis 5, aber der Raum gestattete auch nicht mehrere. Bodmer wies mir seine eigenen neuen Erfindungen in der Spinnkunst, worauf er so große Hoffnungen gründet, daß er glaubt, seine Anlagen einst bis auf 100 und mehrere Arbeiter ausdehnen zu können, wenn er nämlich einmal hinlänglichen Raum hat. Da ich aber die Spinnmaschine noch unvollendet und folglich nicht in Bewegung sah, so konnte ich auch nicht darüber urteilen."

Wolfram Fischer, Der Staat und die Anfänge der Industrialisierung in Baden 1800–1850, Bd. 1, Berlin 1962, S. 211/212

[31] Schweizer Erfinder, geb. Zürich 6. 12. 1786, gest. Zürich 29. 5. 1864.

IV. Das „Proletariat"

Definition des Begriffs „Proletariat"

Friedrich Harkort im „Bienenkorbbrief", 1849:

29 „Da spricht man viel von Proletariern, ohne das Wort zu deuten. Einen Proletarier nenne ich den, welchen seine Eltern in der Jugend verwahrlost, nicht gewaschen, nicht gestriegelt, weder zum Guten erzogen noch zur Kirche und Schule angehalten haben. Er hat sein Handwerk nicht erlernt, heiratet ohne Brot und setzt seinesgleichen in die Welt, welche stets bereit sind, über anderer Leute Gut herzufallen, und den Krebsschaden der Kommunen bilden. Warum sorgen die Gemeinden selbst nicht besser für die Ausrottung dieser Zuchthauskandidaten? Ferner heiße ich Proletarier: Leute, die von braven Eltern erzogen, durch die Verführung der großen Städte zugrunde gegangen sind; Wüstlinge und Zecher, die den blauen Montag heiliger halten als den Sonntag; verlorene Söhne ohne Reue, denen Gesetz und Ordnung ein Greuel ist. An den Innungen wäre es, solcher Schande des Gewerks vorzubeugen und Zucht und Sitte herzustellen, anstatt ihre Fahnen den Demokraten vorzutragen. Diese beiden Klassen bilden die echten Hilfstruppen der Aufwiegler, bestehend aus verdorbenen Schreibern, schlechten Rechnungsführern, Haarspaltern und Doktoren ohne Kranke, Judenjungen, weggejagten Militärs und allen Taugenichtsen, die ohne Mühe zu Ehren und Ansehen gelangen wollen!! Sagt mir: Wer von Euch hätte wohl gedacht, daß Deutschland so reich sei an solch sauberer Gesellschaft? Nicht aber rechne ich zu den Proletariern den braven Arbeiter, dem Gott durch die Kraft seiner Hände und den gesunden Menschenverstand ein Kapital verlieh, welches ihm niemand rauben kann, es sei denn Krankheit oder Alter. Der wird schon durchkommen, wenn jene bösen Buben die Ruhe und öffentliche Wohlfahrt nicht stören. Diesen ehrenwerten Leuten muß geholfen werden, durch Hebung der Gewerbe, Vorschußkassen, guten Unterricht für die Kinder und Sicherstellung gegen Krankheit und Invalidität."

Brief an die Arbeiter (9. offener Brief Harkorts vom Mai 1849, genannt der „Bienenkorb")

Wilhelm Heinrich Riehl[32] 1855 in der Vorlesungsfolge „Die bürgerliche Gesellschaft":

30 „Die Bezeichnung der Lohnarbeiter als vierter Stand ist eben auch noch keineswegs allgemein gebräuchlich geworden, und

[32] Kulturhistoriker und Novellist, geb. Bieberich 6. 5. 1823, gest. München 16. 11. 1897.

ich verwahre mich nur wiederholt dagegen, als ob ich diese höchst ehrenwerte Klasse der um ihr tägliches Brot ringenden Arbeiter als solche zu dem sozialen vierten Stande, dem Stande des Abfalls und der Standeslosigkeit hätte zählen wollen ... Also nicht Proletarier als solche bilden den vierten Stand, nicht bloß Besitzlose, die von der Hand zum Munde leben, Heloten des Kapitals, beseelte Werkzeuge, welche als Rad, Walze, Kurbel von Fleisch und Blut neben den eisernen Rädern, Walzen und Kurbeln unlösbar und unerlösbar in den Mechanismus unserer märchenhaften Maschinenwelt eingekeilt sind: sie alle machen nur ein Glied und gerade das bewußtlosere des vierten Standes aus. Der vierte Stand umfaßt nicht bloß ‚Arbeiter', sondern auch Faulenzer, nicht bloß Arme, sondern auch Reiche, nicht bloß Niedere, auch Hohe; er ist uns der Inbegriff aller derjenigen, die sich losgelöst haben oder ausgestoßen sind aus dem bisherigen Gruppen- und Schichtensystem der Gesellschaft, die es für einen Frevel an der Menschheit halten, zu reden von Herren, Bürgern und Bauern, die sich selber für das ‚eigentliche Volk' erklären, und die da wollen, daß alle Naturgruppen der Stände sich auflösen in dem großen Urbrei des eigentlichen Volkes."

Naturgeschichte des deutschen Volkes; hrsg. von Gunther Ipsen, Kröners Taschenausgabe, Bd. 122, Stuttgart 1935, S. 357

Karl Marx[33] und Friedrich Engels[34] 1848 im „Kommunistischen Manifest":

31 „In demselben Maße, worin sich die Bourgeoisie, d. h. das Kapital, entwickelt, in demselben Maße entwickelt sich das Proletariat, die Klasse der modernen Arbeiter, die nur so lange leben, als sie Arbeit finden, und die nur so lange Arbeit finden, als ihre Arbeit das Kapital vermehrt. Diese Arbeiter, die sich stückweise verkaufen müssen, sind eine Ware wie jeder andere Handelsartikel und daher gleichmäßig allen Wechselfällen der Konkurrenz, allen Schwankungen des Marktes ausgesetzt. Die Arbeit der Proletarier hat durch die Ausdehnung der Maschinerie und die Teilung der Arbeit allen selbständigen Charakter und damit allen Reiz für die Arbeit verloren. Er wird ein bloßes Zubehör der Maschine, von dem nur der einfachste, eintönigste, am leichtesten erlernbare Handgriff verlangt wird."

Manifest der kommunistischen Partei (1848), in: Karl Marx, Die Frühschriften, hrsg. von Siegfried Landshut, Kröners Taschenausgabe, Bd. 209, Stuttgart 1953, S. 532/533

[33] Philosoph, geb. Trier 5. 5. 1818, gest. London 14. 3. 1883.

[34] Kaufmann und Journalist, geb. Barmen 28. 11. 1820, gest. London 5. 8. 1895.

Goetz Briefs 1926 im Grundriß der Sozialökonomik:

32 *„Proletarier ist der Lohnarbeiter (oder nicht beamtete Gehaltsbezieher), der in der fortlaufenden Veräußerung seiner Arbeitskraft seine ausschließliche oder für die Lebenshaltung entscheidende Einkommensquelle hat und daher zur dauernden Reproduktion des Lohnarbeitsverhältnisses gezwungen ist."*

Das Gewerbliche Proletariat, in: Grundriß der Sozialökonomik, 9. Abt., Tübingen 1926, S. 150

T. S. Ashton über die Arbeitszeit in englischen Fabriken:

33 *„In Etruria [Töpferei] läutete von Mariä Verkündigung [25. März] bis Michaeli [29. September] die Glocke um 5.45 Uhr, und die Arbeit begann um 6 Uhr; während des übrigen Jahres läutete sie eine Viertelstunde vor Tagesanbruch, und die Arbeit dauerte an, bis man nicht mehr länger sehen konnte. Aber 1792 demonstrierte William Murdock die Möglichkeit, Kohlengas als Leuchtquelle zu benutzen, und seit den ersten Jahren des neuen Jahrhunderts wurde in vielen Fabriken auch während der Nachtstunden gearbeitet. Es ist nicht möglich zu sagen, ob die Arbeitszeit länger oder kürzer war als die der Handwerker: Sie kann kaum länger gewesen sein als die der Nagelmacher, die – nach Thomas Attwood 1812 – von vier Uhr früh bis zehn Uhr abends arbeiteten."*

The Industrial Revolution 1760–1830, 2. Aufl. Oxford University Press, London, New York, Toronto, S. 122/123

Jürgen Kuczynski über die Arbeitszeit in Deutschland:

34 *„Soweit ich feststellen konnte, war der Arbeitstag zu Beginn des 19. Jahrhunderts selten länger als 12 Stunden ... Nachtarbeit war selten. Ebenso Sonntagsarbeit. All das änderte sich schnell. Schon in den zwanziger Jahren war Nachtarbeit nichts Ungewöhnliches mehr. Auch Sonntagsarbeit wurde allmählich in immer breiteren Kreisen eingeführt ... Der Arbeitstag wurde verlängert, zunächst auf 13 Stunden, dann auf 14 Stunden, ohne daß ein Unterschied hierin zwischen Männern und Frauen gemacht wurde ... Am Ende der hier untersuchten Periode, also in den vierziger Jahren, hatte die Länge des Arbeitstages vielfach ihre Grenze verloren; er dauerte und dauerte, schier endlos bis zu 15 und 16 und 17 und noch mehr Stunden.*

Die sechziger Jahre brachten dann eine radikale Wandlung. Die Zahl der gearbeiteten Stunden pro Tag ging ziemlich allgemein und merklich zurück ... Die Periode von 1870 bis 1890 begann mit einer allgemeinen Entwicklung zum 12-Stunden-Tag, wobei einige Industrien und Berufe bereits um 1870 dieses Ziel erreicht hatten oder gar kürzer arbeiteten. Sie endete damit, daß um 1900 der 12-Stunden-Tag als ein langer Arbeitstag angesehen wurde ... Um 1900 war der 11-Stunden-Tag ziemlich allgemein verbreitet, und in manchen gut durchorganisierten Industrien und Berufen war der 10-Stunden-Tag üblich – zum Beispiel im Baugewerbe. Ja, in einzelnen Industrien, wie dem Druckereigewerbe und in der Holzverarbeitung und in wenigen durchorganisierten Berufen, begann der 9-Stunden-Tag die allgemeine Regel zu werden.“

Die Geschichte der Lage der Arbeiter in Deutschland von 1800 bis in die Gegenwart, Bd. 1, 1800 bis 1932, (Ost-)Berlin 1947, S. 61 und 192–194

Hermann Johann Friedrich von Schulze-Gaevernitz[35] über Maschine und Familie:

35 „Die schlimmste Seite des Faktoreiwesens ist die Zerstörung des Familienlebens, die Verhinderung des Jugendunterrichts, die Gewöhnung an Trunk und Völlerei. Neben den Männern arbeiten besonders Frauen und Kinder in den Fabriken.

Die Maschinen haben den Menschen die Arbeit so leicht gemacht, daß zu ihrer Bedienung die Kräfte von Frauen und Kindern fast überall hinreichen. Immer mehr hat man die Kinder in die Faktoreien gesteckt, wo sie an jedem Tage in der Zeit ihrer jugendlichen Entwicklung zehn Stunden lang zwischen lärmenden Maschinen sitzen, selbst Maschinenarbeit ohne Nachdenken verrichtend. Die Luft in den Räumen ist oft zum Ersticken, die Gerüche, der Baumwollstaub, die Ausdünstungen so vieler Menschen verdumpfen die Atmosphäre. Während der Körper hier entnervt und geschwächt wird, erhält der Geist keine Bildung. Von elterlicher Erziehung ist nicht die Rede, nur die eiserne, auf die Minute berechnete Disziplin, nur das strenge Wort des Faktors regiert hier. Während sonst die Arbeit im Hause oder in der Landwirtschaft die Kinder vielseitig bildet und zum Nachdenken anregt, bewirkt die Faktoreiarbeit gerade das Gegenteil. Einige wenige Handgriffe lernt das Kind bald maschinenmäßig ausüben; den zerrissenen Faden anzuknüpfen, der Stecknadel den Knopf aufzusetzen, ist jahraus, jahrein sein ununterbrochenes Geschäft. Solche Arbeit gibt weder dem Körper noch dem Geiste die nötige Kraftübung.“

Nationalöconomische Bilder aus Englands Volksleben, Jena 1853, S. 358

[35] Geb. 1824, gest. 1888.

Kinderarbeit

T. S. Ashton über die Kinderarbeit in England:

36 *„Die Geschichte der Fabrik-‚Lehrlinge' ist deprimierend. Die Kinder, viele von ihnen nur 7 Jahre alt, mußten 12, ja 15 Stunden am Tag, 6 Tage in der Woche arbeiten. Mr. und Mrs. Hammond sagten: ‚Ihre jungen Leben gingen dahin, günstigenfalls in monotoner Plackerei, schlimmstenfalls in einer Hölle menschlicher Grausamkeit.' Unternehmer, die ihre Verantwortung ernst nahmen – wie die Arkwrights, die Gregs, Samuel Oldknow und, vor allem, Robert Owen –, sorgten nicht nur für Unterbringung in freundlichen und gutgeplanten Lehrlingsheimen (wie sie heute noch in Styal und Mellor gesehen werden können), sondern auch für die Anfangsgründe der Erziehung. Die Kinder durften in den Feldern spielen, manche hatten eigene kleine Gärten. Es war dafür gesorgt, daß die Geschlechter getrennt blieben ... Aber an vielen anderen Orten, z. B. in Backbarrow, hörte man nur von Vernachlässigung, Durcheinander und Entwürdigung."* *a.a.O., S. 113*

Englische Kinderschutzgesetzgebung

Aus dem Parlamentsbericht über die Kinderarbeit in den Fabriken, 1833:

37 „Die folgenden Beispiele für ausgedehnte Arbeitszeit für die jungen Menschen wurden durch die Kommissionsmitglieder besonders vorgetragen: ‚Bin 12 Jahre alt. Bin 12 Monate in der Spinnerei gewesen. Anfang um 6 und Feierabend um $^1/_2$8. Durchschnittlich über 12$^1/_2$ Stunden Arbeit. Habe zwei oder drei Wochen hindurch Überstunden gemacht. Arbeitete während der Frühstücks- und Teepause und ging erst um 8 Uhr weg. – Machst Du die Überstunden, wie es Dir gefällt? – Nein, wer angelernt ist, muß arbeiten. Ich bleibe aber lieber und arbeite, als daß irgend jemand anders meinen Platz bekommt.' – ‚Habe hier (Milne) 2 Jahre gearbeitet, bin jetzt 14, arbeite 16$^1/_2$ Stunden am Tag. Kürzlich war ich krank und bat, um 8 Uhr aufhören zu dürfen, und man sagte mir, wenn ich ginge, brauche ich nicht zurückkommen.' – ‚Ich habe letzten Sommer bis 12 Uhr nachts gearbeitet. Wir begannen um 6 Uhr morgens. Ich sagte dem Buchhalter, ich arbeite nicht gerne so spät; er sagte, ich müsse. Wir bekommen 1 Penny für eine Überstunde.' – ‚Wir pflegten um $^1/_2$9 abends zu kommen und die ganze Nacht hindurch zu arbeiten, bis der Rest der Mädchen am Morgen kam. Sie kamen gewöhnlich um 7. Manchmal arbeiteten wir bis ½9 am nächsten Abend, nachdem wir schon vorher die ganze Nacht gearbeitet hatten. Wir arbeiteten auch in den Essenszeiten, außer zur Mittagessenszeit. Ich habe das manchmal 3, manchmal 4 Nächte in der Woche gemacht. Es war nicht regelmäßig; es geschah, wie es die Aufseher bestimmten' ..."

W. Cunningham, The Growth of English Industry and Commerce in Modern Times, Bd. 2, Cambridge 1907, S. 786, Anm. 4

Auf Grund dieses Berichts erließ das Parlament das Fabrikgesetz von 1833, das die Beschäftigung von Kindern unter 9 Jahren verbot und die Arbeitszeit für 9-12jährige auf 9 Stunden, für 13-18jährige auf 12 Stunden festsetzte. 1842 folgte ein Gesetz für die Bergwerke, das die Beschäftigung von Jungen unter 10 Jahren und die Arbeit von Frauen und Mädchen unter Tage verbot.

Fabrikengesetz, 1833:

38 „1. Da zahlreiche Kinder und Jugendliche in Spinnereien und Fabriken beschäftigt werden und ihre Arbeitszeit länger als wünschenswert ist, besteht, nachdem ihre gesundheitlichen Verhältnisse und ihre Erziehungsmöglichkeit angemessen untersucht worden sind, die Notwendigkeit, ihre Arbeitszeit zu regeln.
Deshalb wird kraft des Königs höchster Majestät und auf Grund des Rates, der Zustimmung und Autorität des gegenwärtigen Ober- und Unterhauses gesetzlich festgelegt, daß vom 1. Januar 1834 an niemand unter 18 Jahren nachts, d. h. von 20.30 bis 5.30 Uhr, ... in einer Baumwoll-, Woll-, Kammgarn-, Flachs-, Hede-, Leinen- oder Seidenfabrik beschäftigt werden darf, in der Dampf oder Wasser oder irgendeine andere mechanische Kraft zum Antrieb von Maschinen genutzt wird. ...
6. ... Ferner wird gesetzlich festgelegt, daß jedem bei einem zwölfstündigen Arbeitstag täglich 1½ Stunden Essenszeit zustehen.
7. ... Und es wird gesetzlich festgelegt, daß es jedem vom 1. Januar 1834 an verboten sein soll, in einer Fabrik, wie sie oben beschrieben wird, ausgenommen ist die Seidenproduktion, Kinder unter 9 Jahren zu beschäftigen."

English Historical Documents, Bd. XII (1), London, 2. Aufl. 1964, S. 949/50

W. Cunningham über die Kinderarbeit in englischen Bergwerken:

39 *„1840 brachte Lord Ashley den Antrag ein, eine Parlamentskommission solle gebildet werden, die das ganze Problem der Frauen- und Kinderarbeit im Kohlen- und Erzbergbau untersuchen sollte. 1842 legte die Kommission ihren Bericht vor, der eine solch* *widerwärtige und scheußliche Lage der Dinge erkennen ließ, daß man einmütig eine unverzügliche gesetzliche Änderung für notwendig hielt. Das war um so wichtiger, als die Übelstände mit erschreckender Schnelligkeit zunahmen, in gewisser Hinsicht eine Folge des Fabrik-Gesetzes von 1833. Die Erziehungsklausel in diesem Gesetz hatte in manchen Bezirken zur Aufgabe der Fabrikarbeit von Kindern unter 13 Jahren geführt. Doch gab es nichts, um ihre Arbeit in Bergwerken von sehr frühem Lebensalter an und für sehr lange Arbeitszeit zu verhindern. Mr. Hickson schrieb: ‚Unter den beschäftigten Kindern sind überall und immer manche unter 7 Jahren; es ist fast überall Brauch, 6 und 7 Jahre alte Kinder zu beschäftigen, und es gibt keine kürzere Arbeitszeit für sie. Die Kinder fahren gewöhnlich um 4 Uhr morgens mit den Männern ein und bleiben 11 bis 12 Stunden in der Grube.‘ Um die Art der Arbeit dieser jungen Kinder zu ermitteln, fuhr er in eine 600 Fuß [rd. 185 m] tiefe Grube ein. Die Stollen waren durch Klappen oder Türen gesichert, um entflammbare Zugluft zu vermeiden. ‚Die Tätigkeit eines Kindes im Alter von 6 Jahren besteht dann darin, eine dieser Türen zu öffnen und zu schließen, wenn die Hunde [Karren] hin- und herfahren. Dafür muß das Kind die gesamte Stundenzahl allein in einem dunklen Stollen sitzen.‘ In einigen Gruben waren anscheinend junge Mädchen ebenso wie junge Knaben beschäftigt, und die britischen Eltern, die ihre Kinder nicht länger in Fabriken ausbeuten konnten, zwangen sie, in die benachbarten Bergwerke zur Arbeit zu gehen. Das beweist u. a., daß nicht allein die Kapitalisten wegen der Mißhandlung von Kindern zu tadeln waren, sondern daß es nicht zuletzt ein leichtsinniges Einverständnis auf seiten der Eltern gab. Diese Tatsache wurde noch deutlicher, wenn Bergleute ihre eigenen Kinder auf solche Art arbeiten ließen; sie hatten – im allgemeinen – nicht die Entschuldigung der Armut, weil ihre Löhne beträchtlich höher waren [außer Wochenlohn freie Wohnung, Gartenland und Kohlendeputat] als in anderen Berufen.“*

a.a.O., S. 804/805

Robert C. Cook über die Einführung der Kinderarbeit aus humanitären Gründen:

40 *„Mindestens eine der frühen Erfindungen der industriellen Revolution entsprang einem merkwürdigen humanitären Motiv. Sir Richard Arkwrights Spinnmaschine, der man nachsagt, sie sei die Grundlage der britischen Vorherrschaft in der Industrie, wurde aus einem Grunde erfunden, der uns heute sehr sonderbar erscheint. Sie sollte die schottischen Kinder von den Straßen der übervölker-*

ten und elenden Städte fernhalten. Durch eine grundlegende Verbesserung von Hargreaves ‚Spinn-Jenny‘ gelang es Arkwright, feste Fäden in allen Stärken herzustellen. Damit war die mechanische Spinn- und Webindustrie geschaffen. Bei Arkwrights Erfindung waren die Handgriffe so einfach, daß sie schon kleine Kinder erlernen konnten. So war es möglich, diese in den Spinnereien zu verwenden. Sie brauchten sich nicht mehr in den Straßen herumzutreiben und waren weniger Gefahren ausgesetzt. Sir Richards moralische Humanität brachte also den Beginn der Kinderarbeit, und fast zwei Jahrhunderte hat die Nachwelt gebraucht, ihre Schäden zu beseitigen. Es waren in der Tat die Rücken vieler Kinder, auf denen das Britische Reich zur industriellen Vorherrschaft hinanritt, deren es sich über hundert Jahre lang erfreute.
Die praktische Folge dieser Entwicklung war eine starke Nachfrage nach Kindern. So jämmerlich ihr Lohn auch war, er trug doch zur Familienkasse bei. Unter diesen Verhältnissen gab es keine Prämien für die Begrenzung der Familien durch Enthaltsamkeit, Spätehen oder andere Methoden. Die ‚unteren Klassen‘ vermehrten sich in beispielloser Weise; der Lebensstandard blieb erschreckend niedrig, und die Notwendigkeit einer Reform wurde immer drängender.“

Wer wird morgen leben?, dt. Hamburg 1951, S. 55/56

41 **Arbeitszeit für Kinder in verschiedenen deutschen Bezirken um 1825:**

Iserlohn	gewöhnlich 14 Std.	Breslau	10 bis 14 Std.
Dortmund	10 bis 15 Std.	Frankfurt a. d. O.	7 bis 16 Std.
Hagen	10 bis 12 Std.	Liegnitz	bis zu 15 Std.
Bochum	bis zu 14½ Std.	Erfurt	10 bis 14 Std.
Düsseldorf	6 bis 13 Std.	Merseburg	6 bis 12 Std.
Aachen	8 bis 12 Std.	Magdeburg	9 bis 14 Std.
Koblenz	11 bis 14 Std.	Potsdam	13 bis 14 Std.
Eslohe	11 bis 13 Std.	Berlin	7 bis 12 Std.
Köln	11½ bis 14 Std.	Siegen	8 bis 12 Std.
Trier	8 bis 14 Std.		

Kuczynski, a.a.O., S. 70

Der Bürgermeister von Ratingen beantwortet eine Anfrage des Düsseldorfer Landrats über die Kinderarbeit in seinem Bezirk (Spinnerei Cromford), 22. August 1824:

42

	1.
„Wie ist die Lebensart obengenannter Kinder beschaffen, und wie ist sie von der nicht auf Fabriken arbeitender Kinder gleichen Standes verschieden?	Sie arbeiten 12 Stunden, die nicht in den Fabriken arbeitenden betteln.

2.

Wie ist der Gesundheitszustand dieser Kinder an sich und im Verhältnis zu den nicht in Fabriken arbeitenden Kindern derselben Volksklasse?	Die meist gehend und stehend verrichtete Arbeit in luftigen Gebäuden erhält die Kinder gesund, die nicht darin arbeitenden sind krank von Elend und betteln.

3.

Wenn der Gesundheitszustand der Fabrikkinder schlechter ist als der übrigen Kinder, liegt der Grund in den Arbeiten oder worin?	Er ist nicht schlechter, sondern besser.

4.

Wie verhalten sich hinsichtlich der Gesundheit diejenigen Erwachsenen, die in ihrer Kindheit in Fabriken gearbeitet haben, zu denen, die nicht gebraucht worden sind?	Die in der Spinnerei in der Kindheit gearbeitet haben, sind erwachsen meist gesunde, starke Handwerker.

5.

Welche Gesetze über Benutzung der Kinder zu Fabrikarbeiten erscheinen nach den Resultaten der über obige Punkte angestellten Untersuchung zweckmäßig?	Keine.

Verzeichnis der in den Fabriken arbeitenden Kinder

Bezeichnung von Fabriken, wo Kinder arbeiten:	Baumwollspinnerei
Wie viele Kinder arbeiten tags:	150
nachts:	keine
In welchem Alter diese Kinder:	von 6 bis 16 Jahren
Arbeitsstunden:	12
Gesundheitszustand:	gut
Welche Arbeiten die Kinder verrichten:	Aufpassen und andere Baumwollgarnarbeiten
Wie lange die Fabriken bestehen:	40 Jahre
Ob ähnliche Fabriken vormals bestanden, welche eingegangen sind:	die hiesige Maschinenspinnerei war die erste auf dem Kontinent.“

Staatsarchiv Düsseldorf, Akten Brügelmann, Nr. 46, Copie

In den ersten Jahrzehnten des vorigen Jahrhunderts wurden in den rheinischen Industriebezirken Tausende von Kindern zartesten Alters – selbst vierjährige befanden sich unter ihnen – gegen einen Tagelohn von zwei Groschen zu einer Arbeitszeit von 10, 12, ja 14 Stunden, und zwar nicht nur des Tags über, sondern auch zur Nachtzeit herangezogen. 1828 hatte sich der preußische König auf Berichte des Generalleutnants Horn über den Rückgang der Tauglichkeit der Rekrutenjahrgänge auf Grund der Kinderarbeit gegen die Nachtarbeit der Kinder ausgesprochen. Nachdem er bereits 1826 den ersten Artikel gegen die Kinderarbeit im Rheinisch-Westfälischen Anzeiger veröffentlicht und sich auch in den folgenden Jahren an verschiedenen Stellen für eine Erleichterung der Lage der arbeitenden Kinder ausgesprochen hatte, beantragte der Abgeordnete Schuchard, Barmen, in der Sitzung des Landtags vom 17. Juni 1837 ein Kinderschutzgesetz. Der Antrag wurde an einen Ausschuß verwiesen und kam am 6. Juli 1837 zur Beratung.

Die erste Kinderschutzdebatte in Preußen, in der Sitzung des 5. Rheinischen Provinziallandtags, 6. Juli 1837:

43 „Der Herr Direktor des Ausschusses trug zur Unterstützung des Antrages mehrere Notizen vor, welche ihm von dem Herrn Oberpräsidenten mitgeteilt worden waren und welche die Arbeitsstunden sowie das Verdienst in mehreren speziell angegebenen Baumwollspinnereien nachweisen.

Der Herr Referent bemerkte, die Behandlung der Kinder, so wie sie in diesem Berichte, auch in einem anderen von Bonn geschildert worden, sei unmenschlich, aber auch polizeiwidrig und könne durch die bestehenden Verordnungen schon gehoben werden. In Aachen könne eine Verkürzung der Arbeitszeit ohne Nachteil stattfinden, während sich die Handelskammer von Eupen entschieden dagegen erklärt habe.

Der Herr Abgeordnete Schuchard [Barmen] bemerkte: daß gewissenhafte Kreisphysiker[36] versicherten, wenn die Kinder auch nur um 10 Stunden in die Höhlen des Jammers eingesperrt würden und stets sich auf den Beinen befinden, um zu arbeiten, so erhielten besonders die Mädchen Geschwülste und Auswüchse, die Beine schwänden und die Kinder welkten elendiglich dahin. Er müsse indessen das Zeugnis ablegen, daß die Spinnerei von Oberempt in Barmen insoweit eine Musteranstalt genannt werden könne, indem derselbe um 11 Uhr morgens seine Maschinen still stehen lasse, um seinen 200 Spinnkindern eine bis 1 und ¼ Stunde Unterricht erteilen und sie dann eine Stunde freie Luft genießen zu lassen. Das Übel sei jetzt auch in Frankreich erkannt worden, und habe sich die öffentliche Stimme dagegen erhoben. L'académie des Sciences mora-

[36] Kreisphysiker = Amtsarzt.

les et politiques à Paris habe durch eines ihrer Mitglieder die Fabriken im Elsaß bereisen lassen. Der Herr Abgeordnete las aus dem desfallsigen Bericht einiges vor, woraus hervorgeht, daß besonders in Mülhausen ebenso die Kräfte der Kinder mißbraucht würden wie an vielen anderen Orten und daß die Besitzer der Spinnereien darauf angelegt hätten, es möchte ein Gesetz zu ihrem Schutze gegeben werden, welches die Arbeitsstunden verringere. Der Herr Abgeordnete fuhr darauf fort, von allen Seiten erheben sich Stimmen, um das Interesse der Fabrikherren zu verteidigen unter dem subtilen Vorwande, die Industrie seie bedroht; selten aber erhebt sich eine Stimme für den Arbeiter, um ihr Los zu verbessern. Beobachte man doch das ganze Leben eines Menschen, der schon als Kind harte Sklavendienste verrichten mußte, so wie seine Kindheit trübe und freudeleer war, so ist sein ganzes Leben entbehrend, hat er mit Mühseligkeiten aller Art zu kämpfen, ja in schweren Zeiten, wie die jetzigen, ist er sogar mit den Seinigen der Pein des Hungers preisgegeben, und wie froh ist er endlich am Rande des Grabes, nun seines elenden Lebens quitt und ledig zu sein. Ja, sagte der Herr Abgeordnete, er bekenne, daß ihn oft der Gedanke beschlichen, diesen Menschen müsse als Ersatz für die Entbehrungen des Erdenlebens die Freuden des Himmels in größerem Maße wie ihm zugeteilt werden ...

Der Herr Abgeordnete vom Baur [Ronsdorf] sagte: ‚Meine Herren! Ich bemerke leider, daß der uns gegenwärtig beschäftigende Gegenstand von einem unrichtigen Standpunkt aus beleuchtet wird. Die von Ihnen scharf beurteilten Fabrikanlagen, welche Kinder beschäftigen, rufen den von Ihnen mit so viel Härte geschilderten Jammer nicht hervor, sondern mildern den bereits vorhandenen. Eine Überbevölkerung, die der Ackerstand nicht mehr zu beschäftigen weiß, strömt den Anstalten zu, wo Arbeit, wo Brot zu erwerben ist. Entstehen können diese nur da, wo Kräfte sind, die keine nützliche Anwendung finden. Könnten Sie diesen Händen etwas Lohnenderes bieten, so wäre der Grund des Übels gehoben. Sie gehen zu weit, zu diesem Zwecke eine Armensteuer vorzuschlagen. Ich möchte bezweifeln, daß Ihre Mittel hierfür hinreichten. Sie erschufen Bettler, die gegenwärtig der Gewerbefleiß zu tätigen Menschen umwandelt, welche ihr Brot verdienen. Der Herr Abgeordnete von Goch [Steuereinnehmer Fonck] sagt uns, daß bei ihm, wo der Gewerbestand unbedeutend ist, ein Kind von 10 Jahren am Knopfnadelmachen täglich 1 Stüber Clevisch oder 4½ Pfg. und ein Butterbrot verdient; wären dort Industrieentwicklungen, die Sie als Höhlen des Jammers, jedoch mit zu schwarzen Farben schildern, so würden die Bemühungen dieser Kleinen 3- bis 5mal besser belohnt

werden. Sie beschimpfen, worum uns unsere östlichen Landsleute mit Recht beneiden, denen die Verbraucher ihrer Produkte fehlen, welche bei uns der Gewerbefleiß entwickelt und erhält. Ich pflichte Ihnen, meine Herren, vollkommen bei, daß die armen Kinder, deren Kräfte ausnahmsweise mitunter zu sehr in Anspruch genommen sein mögen, unter den Schutz milder Gesetze gestellt werden, jedoch dürften diese keine so großen Beschränkungen erhalten, wie hier vorgeschlagen wird – z. B. Arbeitsstunden täglich –, daß dadurch der Bestand unserer Industrieanlagen wegen der Konkurrenz des Auslandes unmöglich gemacht wird. Der Wohlstand und die Zierde unserer Provinz ginge hierdurch verloren.' ...
Der Herr Abgeordnete von Eerde [Landrat aus Geldern] trug auf namentliche Abstimmung der Frage an; sie wurde von Sr. Durchlaucht [Landtagsmarschall Prinz Bernhard zu Solms-Braunfels] folgendermaßen gestellt:
,Soll die Beschränkung der Arbeitsstunden auf 10 als Maximum befürwortet werden?'
Der Herr Abgeordnete Boelling [Gladbach] wiederholte nochmals seine Versicherung, die Arbeitsstunden könnten nicht vermindert werden, worauf der Herr Schuchard [Barmen] sagte: ,Könnten Sie, hochverehrte Herren, doch einmal die Jammerszene mit ansehen, wenn die armen, zarten Kinder morgens früh um 5 Uhr in kaltem oder nassem Wetter weinend und widerstrebend von der Mutter in ein solches Gefängnis geschleppt werden, auch Ihnen würde es das Herz zerreißen.'
Es haben 60 Stimmen die vorstehende Frage bejahend und 9 verneinend beantwortet."

Protokolle des 5. Rheinischen Provinziallandtags 1837. Staatsarchiv Düsseldorf, Prov. Arch. Nr. 278, S. 486–501, hier auf die wichtigsten Reden gekürzt

Gesetzesvorschlag des 5. Rheinischen Provinziallandtags an den Preußischen König, 1837:

44 „... Die Stände-Versammlung, in welcher das Interesse der Industrie vollständig vertreten war, hat daher erkannt, daß es notwendig sei, die ohne Zweifel schon stattgehabten Bestrebungen der Regierung dadurch zu unterstützen, daß von des Königs Majestät die Erlassung eines Gesetzes erbeten wurde:

1. daß kein Kind vor dem vollendeten neunten Jahre zur Arbeit in den Fabriken bestimmt werden solle;
2. daß die Kinder vor ihrem Eintritt in eine Fabrik einen dreijährigen Schulbesuch nachweisen sollen, insofern nicht örtliche Verhältnisse, welche von der Ortsobrigkeit untersucht und festgestellt werden sollen, eine Abweichung hiervon nötig machen;

3. daß die Kinder höchstens 10 Stunden zur Arbeit in den Fabriken angehalten und
4. ihnen zwischen diesen 10 Arbeitsstunden zwei Freistunden, von welchen die eine um die Mittagszeit mit Bewegung in freier Luft gewährt werden sollen."

Der fünfte rheinische Landtag, Übersicht über Verhandlungen und Anträge, Koblenz 1839, S. 23 f.

Diesem Antrag entsprach das Regulativ der preußischen Regierung vom 9. März 1839, das überdies noch einmal die Sonn-, Feiertags- und Nachtarbeit verbot. Es wurde erweitert durch das preußische Kinderschutzgesetz vom 16. Mai 1853, das Beschäftigung von Kindern unter 12 Jahren verbot, ein Arbeitsbuch einführte und die Fabriken durch Gewerbeinspektoren kontrollieren ließ.

Konzept eines „Reglements für die Fabrikarbeiter" der Firma Krupp, 1838:

45 „Jeder Arbeiter muß treu und unbedingt folgsam sein, sich in- und außerhalb der Fabrik anständig betragen, pünktlich die Arbeitsstunden halten und durch seinen Fleiß beweisen, daß er die Absicht hat, zum Nutzen der Fabrik zu arbeiten. Wer dies befolgt, hat zu erwarten, daß dem Wert der Arbeit nach auch sein Lohn erhoht wird. Wer aus Nachlässigkeit oder bösem Willen sich vergeht, wird bestraft. Branntweintrinken in der Fabrik wird nicht geduldet. Wer ein Stück Arbeit, ein Werkzeug und dergleichen verdirbt oder umkommen läßt, muß dasselbe vergüten. Wer fünf Minuten zu spät nach dem Läuten zur Arbeit kommt, verliert ¼ Tag, wer ¼ Tag eigenmächtig fortbleibt, verliert ½ Tag, für ½ Tag fortbleiben wird ¾ Tag abgezogen."

Carl Jantke, Der Vierte Stand, Freiburg 1955, S. 178

Friedrich Engels über Unglücksfälle durch mangelnde Schutzvorrichtungen:

46 „Die Arbeit zwischen den Maschinen veranlaßt eine Menge Unglücksfälle, die mehr oder weniger ernster Natur sind und für den Arbeiter noch dazu die Folge haben, daß sie ihn teilweise oder ganz zu seiner Arbeit unfähig machen. Am häufigsten kommt es vor, daß ein einzelnes Glied von einem Finger abgequetscht wird, seltener schon, daß der ganze Finger, eine halbe oder ganze Hand, ein Arm usw. von den Rädern ergriffen und zermalmt wird ... Die gefährlichsten Stellen der Maschinerie sind aber die Riemen, welche die Triebkraft vom Schaft auf die einzelnen Maschinen leiten, besonders wenn sie Schnallen haben, die man indes selten mehr findet. Wer von diesen Riemen ergriffen wird, den reißt die treibende Kraft pfeilschnell mit sich herum, schlägt ihn oben gegen die Decke und unten gegen den Fußboden mit solcher Gewalt, daß selten ein Knochen am Körper ganz bleibt und der augenblickliche Tod erfolgt ... Das Krankenhaus von Manchester hatte im Jahre 1843 allein 962 Verwundungen und Verstümmelungen durch Maschinerie zu heilen, während die Anzahl aller übrigen Unglücksfälle im Bereich des Krankenhauses auf 2426 sich belief, so daß auf fünf Unglücksfälle aus allen anderen Ursachen zwei durch Maschinerie kamen. Die in Salford vorgekommenen Unglücksfälle sind hier nicht eingeschlossen, ebensowenig die, welche von Privatärzten geheilt wurden."

Die Lage der arbeitenden Klassen in England, Leipzig 1845, in: Marx – Engels Gesamtausgabe, 1. Abt., Bd. 4, Moskau, Leningrad 1933, S. 158/159

L. C. A. Knowles über die für den Familienunterhalt nicht ausreichenden Arbeitslöhne:

47 *„Der Lohn des Mannes war nicht auf der Grundlage des Unterhalts für eine Familie berechnet. Man nahm scheinbar als gegeben an, daß Frau und Kinder sich weitgehend selbst unterhalten würden. Wenn der Verdienst der Frau sank, dann war das Familieneinkommen unzureichend, der Lohn des Mannes war nicht darauf abgestellt, das Defizit auszugleichen, und die Frau, die nicht gerne die Kinder knapp hält und es nicht wagt, den Ernährer knapp zu halten, kam immer als erste zu kurz. Als die Löhne der Frauen und Kinder fielen, wurde das Familieneinkommen so gering, daß, vor allem in Südengland, die Armenfürsorge einspringen mußte und die Löhne subsidiert wurden. Die Reform von 1834 bewirkte, indem sie die Unterstützung kürzte, die Wiederherstellung des Lohnes bis in solche Höhe, daß ein Mann eine Familie unterhalten konnte."*

The Industrial and Commercial Revolutions in Great Britain during the Nineteenth Century, London 1947, S. 96

Wilhelm Wolff über das Weberelend in Schlesien, 1845:

48 „Inzwischen wurde die Not und das Drängen nach Arbeit von einzelnen Fabrikanten möglichst genutzt, um für geringen Lohn viel Ware zu erhalten. Unter diesen ragten die Gebrüder Zwanziger in Peterswaldau besonders hervor. Für eine Webe Kattun von 140 Ellen, woran ein Weber 9 Tage zu arbeiten hat, und wofür andere Lohnherren 32 Sgr.[37] zahlten, gaben sie nur 15 Sgr. Für 160 Ellen Barchent, welches 8 volle Tage angestrengter Arbeit erfordert, entrichteten sie 12½ und 12 Sgr. Lohn. Ja, sie erklärten sich bereit, noch 300 Weber in Arbeit zu nehmen, wofern diese ebensoviel für 10 Sgr. arbeiten wollten. Das bitterste Elend zwang die Armen, auch unter dieser Bedingung zu arbeiten ... Bei der letzten Lohnverkürzung sollten die Zwanziger auf der Weber ihre Vorstellung, daß sie nun gar nicht mehr bestehen und selbst nicht mehr Kartoffeln kaufen könnten, geäußert haben, sie würden noch für eine Quarkschnitte arbeiten müssen, oder, wie andere sagen: die Weber möchten nur, wenn sie nichts anderes hätten, Gras fressen; das sei heuer reichlich gewachsen ... Endlich um 2 Uhr nachmittags, den 4. Juni [1844], trat der Strom über seine Ufer. Eine Schar Weber erschien in Nieder-Peterswaldau und zog auf ihrem Marsche alle Weber aus den Wohnungen rechts und links an sich. Alsdann begaben sie sich nach dem wenig entfernten Kapellenberge und ordneten sich paarweise und rückten so auf das neue Zwanzigersche Wohngebäude los. Sie forderten höheren Lohn und – ein Geschenk."

Das Elend und der Aufruhr in Schlesien (zuerst veröffentlicht im Deutschen Bürgerbuch, Bd. 1, Darmstadt 1844), in: Gesammelte Schriften von Wilhelm Wolff, hrsg. von Franz Mehring, Berlin 1909, S. 50–52

Löhne und Lebenshaltung in Elberfeld, 1849:

49 „Im hiesigen konstitutionellen Verein gestriger Sitzung wurde in Beleuchtung der Behauptung eines früheren Redners, die Arbeiter mehrerer bedeutender Häuser dahier hätten während der letzten Monate den guten Verdienst von wöchentlich 3 Tlr.[38] 7 Sgr. bezogen, folgende spezielle Rechnung der notdürftigsten Gegenstände, welche einer Haushaltung von fünf Personen (Mann, Frau und drei Kinder von 10, 7 und 3½ Jahren) zukommen, aufgestellt ...:

	Tlr.	Sgr.	Pf.
1. Hausmiete à 35 Tlr. (mittlerer Preis) per Jahr macht pro Woche		20	2 4/13
2. Fleisch 3½ Pfund (also per Tag ½ Pfund für 5 Personen) à Pfd. 3½ Sgr. macht		12	3
3. 3 Schwarzbrote à Brot zu 3½ Sgr.		10	6
4. 7 Reihen Weißbrot à Reihe zu 1 Sgr.		7	—
5. 6 Becher Kartoffeln, Becher zu 1. Sgr. 10 Pf.		11	—
	2	—	11 4/13

[37] Sgr. = Silbergroschen.
[38] 1 Taler = 30 Silbergroschen, 1 Silbergroschen = 12 Pfennig.

Übertrag	2	—	11 4/13
6. 1½ Pfund Butter à Pfd. zu 6 Sgr.		9	—
7. ¾ Pfund Kaffee		5	—
8. Öl ½ Maß		4	10
9. 3 Pfund Mehl à Pfd. 1 Sgr. 2 Pf.		3	6
10. Kohlen		5	—
11. 2 Portionen Gemüse à Portion 1½ Sgr.		3	—
12. Ein Mäßchen Erbsen		1	3
13. ¾ Maß weiße Bohnen		1	9
14. Fett		3	—
15. Auflage		2	6
16. Schulgeld		4	—
17. Reis		1	6
18. Milch		2	6
19. Zichorien		—	7
20. Seife		2	—
21. Bier		1	6
Macht Summa Tlr.	3	21	10 4/13

Verzeichnis der notdürftigsten Bekleidungsstücke:

Fußbekleidung:	Tlr.	Sgr.	Pf.
1. für den Vater per Jahr	4	27	6
2. für die Mutter 2 Paar Schuhe	2	16	—
3. für das 1. Kind 2 Paar Schuhe			
4. für das 2. Kind 2 Paar Schuhe	1	12	—
5. für das 3. Kind			
6. Kosten der sämtlichen Flickerei	1	10	—
Macht Summa	13	1	6

Wäsche:	Tlr.	Sgr.	Pf.
1. für den Vater 2 Hemden	2	—	—
2. für die Mutter 2 Hemden	1	16	—
3. für das 1. Kind 2 Hemden	—	22	6
4. für das 2. Kind 2 Hemden	—	20	—
5. für das 3. Kind 2 Hemden	—	13	9
6. für 2 Bettlaken	2	—	—
7. für 4 Handtücher	—	18	—
Macht Summa	21	1	9

Diese jährliche Summe von 21 Tlr. 1 Sgr. 9 Pf. macht auf die Woche berechnet cirka 12 Sgr. 2 Pf., welche mit oben aufgestellten 3 Tlr. 21 Sgr. 10 4/13 Pf. zusammen per Woche 4 Tlr. 4 Sgr. betragen. Wer diese aufgestellte Rechnung prüft, wird sich über die mäßigen Schranken, in welchen Verfasser derselben die notwendigen Bedürfnisse einer mittleren Arbeiterfamilie zusammenfaßt, verwundern. Wie verträgt sich aber nun eine solche Rechnung mit dem guten Verdienst von 3 Talern 7 Silbergroschen in guten Arbeitsmonaten? Wie stellt sich die Sache in schlechten Monaten, bei eintretender Teuerung, in Krankheitsfällen? ..."

Elberfelder Kreisblatt Nr. 22, 20. Februar 1849; Sitzung vom 14. Februar 1849

Friedrich Schmidt über die Löhne sächsischer Weber, 1832:

50 „Bei einer Weberfamilie ohne Kinder, die einen Webstuhl besitzt, verdiente

	im Leinengeschäft		im Baumwollgeschäft	
	Tlr.[39]	Gr.[39]	Tlr.	Gr.
1. Der Mann wöchentlich	—	22	1	—
2. An Überschuß von der erhaltenen Werfte[40] eine Partie Garn von ungefähr 6 Gr. am Werte, macht auf eine Woche		3		3
3. Die Frau kann außer den in der Hauswirtschaft vorkommenden Geschäften und dem Spulen für den Stuhl des Mannes, noch für einen zweiten Stuhl spulen, womit sie wöchentlich verdient . . . . . . Diesen Verdienst kann sie auch neben der Abwartung der Kinder noch haben.		3		3
	1 Tlr.	4 Gr.	1 Tlr.	6 Gr.

Der jährliche Verdienst einer solchen Familie betrug daher bei dem Leinweber 60 Tlr. 16 Gr., bei dem Baumwollenweber 65 Tlr. Wenn ein Kind spulen kann, welches ungefähr mit dem 6ten oder 7ten Jahre der Fall ist, so kann man seinen wöchentlichen Verdienst neben dem Schulbesuche auf ungefähr 3 Gr. oder jährlich 6 Tlr. 12 Gr. anschlagen.
Mit jedem Kinde, welches dieses Alter erreicht hat, vermehrt sich daher der Verdienst der Familie um 6 Tlr. 12 Gr. jährlich, bis das erste Kind aus der Schule kommt und für dasselbe ein zweiter Wirkstuhl gesetzt wird.

[39] 1 Taler = 24 Gutegroschen, 1 Gutegroschen = 12 Pfennig.
[40] „Die Werften [soviel wie Ketten, d. h. Längsfäden beim Webetisch] werden nämlich so zugemessen, daß bei richtiger Einteilung dem Weber diese, durchschnittlich in beiden Branchen auf 6 Gr. zu berechnende Quantität Garn übrig bleibt."

Geht es ihm auch ganz am Anfange nicht recht vonstatten, so lernt sich doch das Mechanische der gewöhnlichen Weberei sehr bald, und man kann annehmen, daß das Kind im ersten Jahre schon halb soviel, im zweiten Jahre aber ebensoviel wie der Vater verdient, wobei freilich sein früherer Verdienst als Spuler mit 6 Tlr. 12 Gr. in Wegfall kommt, doch kann es, weil die Geschäfte der Hauswirtschaft nicht auf ihm lasten, das Spulen für seinen Stuhl noch nebenbei besorgen, so daß der Nebenverdienst der Mutter ungeschmälert bleibt.

Was nun die Ausgaben betrifft, so fordert der Unterhalt einer Familie von 5 Personen, wie sie freilich bei uns zu leben gewohnt ist, zur Bestreitung der höchsten Notdurft folgendes.

1.	6 Scheffel Korn jährlich à 3 Tlr.	18 Tlr.	— Gr.
2.	24—25 Scheffel Kartoffeln	5 „	5 „
3.	Für die Wohnung	5 „	— „
4.	Für Holz und Beleuchtung	10 „	— „
5.	Für Staats- und Gemeindeabgaben	„	21 „
6.	Für Schlichte[41]	3 „	6 „
7.	Für Unterhaltung des Werkzeuges	1 „	8 „
8.	Für Kleidung	9 „	„
9.	Für Zugemüse, Salz, Butter, Tabak	7 „	„
10.	Für 12 Pfund Fleisch an hohen Festen à 2 Gr. . .	1 „	„
		60 Tlr.	16 Gr.

So war die Lage bei dem schwierigsten Punkte der Wirtschaft, nämlich ehe die Familie noch den Erwerb eines Kindes mit benutzen konnte."

Untersuchungen über Bevölkerung, Arbeitslohn und Pauperism in ihrem gegenseitigen Zusammenhange, Leipzig 1836, S. 297–299

Werner Sombart[42]: Wohnungselend und Schlafgängerwesen um 1900:

51 „Wer würde es glauben, daß eine ganze Anzahl Menschen bei uns heutigentags in ‚Wohnungen' kampiert, die überhaupt kein heizbares Zimmer haben? Und doch belehrt uns die Statistik, daß es deren in Berlin über 15 000, in Barmen über 8000 gibt usw. Aber das sind nur Ausnahmen, und es wird sich in der großen Mehrzahl der Fälle um Einzelpersonen handeln. Dagegen schwillt die Zahl derjenigen Personen, die in Wohnungen mit 1 Zimmer wohnen, sofort unheimlich an. Ja, in den meisten deutschen Großstädten wohnt, wie ich schon sagte, die Hälfte oder annähernd die Hälfte aller Menschen in Wohnungen, die nicht mehr als ein Zimmer um-

[41] Leimstoff zum Behandeln bestimmter Garne.

[42] Nationalökonom, geb. Emsleben (Harz) 19. 1. 1863, gest. Berlin 18. 5. 1941.

fassen. Von tausend Bewohnern nämlich in Barmen 490, in Berlin 430, in Breslau 409, in Chemnitz 551, in Dresden 374, in Görlitz 462, in Halle a. d. S. 429, in Königsberg i. Pr. 505, in Magdeburg 454, in Plauen i. V 641. Mehr als 2 Zimmer, darf man annehmen, bewohnt nur ein verschwindend geringer Prozentsatz der arbeitenden Bevölkerung.

‚Übervölkert' nennt die Statistik eine Wohnung, wenn 6 Personen und mehr in 1 Zimmer, 11 Personen und mehr in 2 Zimmern hausen. Und selbst davon gibt es eine recht erkleckliche Anzahl: in Berlin nahezu 30 000, in Breslau 7000, in Chemnitz 5000, in Plauen i. V. 3000 usw. Man denke: 6 Personen und mehr in 1 Raume, 11 und mehr in 2 Räumen!

Was nun aber das Wohnungselend der ärmeren Bevölkerung, wenigstens in den Großstädten, auf das Höchste steigert, ist der Umstand, daß selbst in den engen Behausungen, die nicht mehr den Namen Wohnung verdienen, noch nicht einmal immer die Familie allein lebt, sondern noch fremde Personen, die Schlafgänger, dazwischen kampieren. Dieser jammervolle Zustand findet sich beispielsweise in Berlin bei 391 von 1000 einzimmrigen Wohnungen, in Breslau bei 370, in Plauen i. V. bei 596, in München bei 572 aller ein- und zweizimmrigen Wohnungen usw. In München, über das wir durch eine Studie des Dr. Cahn besonders gut unterrichtet sind, beherbergen etwa 12 000 oder 15 % aller Wohnungen Schlafgänger, von denen über ein Viertel Weiber sind. Von diesen 12 000 Wohnungen waren 3918 überfüllt im offiziellen Sinne und hatten nur 858 mehr als ein heizbares Zimmer."

Das Proletariat, Frankfurt a. M. 1906, S. 23/24

Friedrich Engels über das Wohnungselend in London, 1845:

52 „Der größte Arbeiterbezirk liegt indes östlich vom Tower – in Whitechapel und Bethnal-Green, wo die Hauptmasse der Arbeiter Londons konzentriert ist. Hören wir, was Hr. G. Alston, der Prediger von St. Philip's, Bethnal-Green, über den Zustand seiner Pfarre sagt: ‚Sie enthält 1400 Häuser, die von 2795 Familien oder ungefähr 12 000 Personen bewohnt werden. Der Raum, auf dem diese große Bevölkerung wohnt, ist weniger als 400 Yards (1200 Fuß) im Quadrat, und bei solch einer Zusammendrängung ist es nichts Ungewöhnliches, daß ein Mann, seine Frau, vier bis fünf Kinder und zuweilen noch Großvater und Großmutter in einem einzigen Zimmer von zehn bis zwölf Fuß im Quadrat gefunden werden, worin sie arbeiten, essen und schlafen.'"

Die Lage der arbeitenden Klassen in England, in: Marx – Engels Gesamtausgabe, 1. Abt., Bd. 4, Moskau, Leningrad 1933, S. 34

Paul Göhre[43] über die Folgen für die Familie:

53 „Aber sie machen auch noch eine andere Tatsache begreiflich, ... daß infolge dieser Zustände in weiten Kreisen unserer großstädtischen Industriebevölkerung die überlieferte Form der Familie heute schon nicht mehr vorhanden ist. Der alte, auf der Blutsverwandtschaft von Eltern und Kindern ruhende und aus allein solchen blutsverwandten Gliedern zusammengesetzte Organismus der Familie ... hat in der Tat in jener Bevölkerungsschicht heute bereits mehr oder weniger einem erweiterten, auf den rein wirtschaftlichen Bedürfnissen gemeinschaftlichen Wohnens und Lebens aufgebauten, in der Zusammensetzung seiner Glieder durch Zufälligkeiten gebildeten Kreise von Blutsverwandten und Fremden Platz gemacht. Deutlich treten hier die verwandtschaftlichen Neigungen vor den wirtschaftlichen Verpflichtungen zurück. Aus der Mutter wird der Haushaltungsvorstand, der von dem eigenen Manne, den erwachsenen Kindern und den Fremden eine fest bestimmte Summe erhält und dafür verpflichtet ist, die Ausgaben für Wohnungsmiete, Nahrung, Wäsche und ähnliches zu bestreiten, während für die Kleidung ein jeder für sich zu sorgen pflegt."

Drei Monate Fabrikarbeiter und Handwerksbursche, Leipzig 1891, S. 37 f.

[43] Ev. Theologe und Sozialpolitiker, geb. Wurzen 18. 4. 1864, gest. Buchholz bei Ratzeburg 6. 6. 1928.

V. Unternehmer und Techniker

W. Cunningham über die Entstehung des neuen Unternehmertums in England:

54 *„Es ist wahrscheinlich, daß es in den alten Zentren des Tuchhandels verhältnismäßig wenig Raum für das Eindringen neuer Männer gab. Dort gab es große und wohlfundierte Häuser, die sich in diesem Gewerbezweig im Westen Englands engagiert hatten und ein ehrenvolles Streben besaßen, die Traditionen ihres Handels fortzuführen. In Yorkshire gab es ebenfalls eine Klasse kapitalistischer Kaufleute, die bereit waren, ihre Energien auf das Fabrikwesen zu werfen, wie es die Gelegenheit ergab. Die wohlhabenden Unternehmer von West Riding scheinen hauptsächlich aus dieser Klasse gekommen zu sein, wenn sie auch zweifellos in gewissem Maße durch Männer wie Hist verstärkt wurden, die aus den unteren Schichten aufgestiegen waren. Es gibt jedoch Gründe, zu glauben, daß in Lancashire und den anderen Gebieten, in denen Baumwollhandel getrieben wurde, die Dinge etwas anders verliefen. Diese Industrie wurde durch eine außerordentliche Ausweitung charakterisiert; dies bot für neue Männer mit Energie und Ausdauer vielfältige Gelegenheiten, ihren Weg in die vordersten Linien zu erzwingen. ‚Wenige Männer, die dieses Geschäft reich begannen, waren erfolgreich. Sie vertrauten anderen zu viel und sich selbst zu wenig, während auf der anderen Seite die erfolgreichen Männer durch ihre eigenen Anstrengungen groß wurden. Sie begannen in sehr anspruchsloser Weise, im allgemeinen mit der Ausübung eines Handwerks wie Uhrmachen, Hutmachen usw., und trieben ihren Aufstieg durch unaufhörliche Anstrengungen voran; sie hatten nur sehr wenig oder auch manchmal kein Kapital für den Anfang außer ihrer eigenen Arbeit.‘ Die Bauerngutsbesitzer als Klasse verfehlten es, die Gelegenheiten zu ergreifen, die sich ihnen boten; aber ‚einige dieser Männer, die ihre Faulheit (des Körpers und des Geistes) abschüttelten, widmeten sich mit der für den Erfolg notwendigen Ausdauer der Änderung der Umstände ...‘ Die Peels und die Strutts waren Beispiele von Familien, die aus den unteren Schichten der Landbesitzer kamen und im Baumwollhandel großen Wohlstand erwarben. Viele der reichen Fabrikanten in Städten wie Stockport, Hyde, Duckenfield und Staleybridge hatten früher als ‚Hutmacher, Schuhmacher, Fuhrleute, Weber oder sonstige Gewerbetreibende‘ gearbeitet. Manche dieser Selfmademen waren nicht abgeneigt, auf ihren Erfolg stolz und zugleich hart und verachtungsvoll gegenüber demjenigen zu sein, der so wenig Energie gezeigt hatte, daß er in* *der Arbeiterklasse verblieben war, als wäre es weniger dessen Mißgeschick als sein Fehler."* a.a.O., S. 618/619

G. M. Trevelyan über die englischen Techniker:

55 *„An der Spitze des Arbeitsheeres standen die gelernten Ingenieure und Mechaniker. Die Männer, von denen die Maschinen hergestellt und verbessert wurden, bildeten die Elite der Industriellen Revolution und deren eigentliche Avantgarde. Sie wurden besser als ihre Kameraden bezahlt, sie waren im Durchschnitt intelligenter und übernahmen auch die Führung in erziehungspolitischen Fragen. Sie genossen die Hochachtung ihrer Arbeitgeber, die sich ja ihres Rates zu bedienen hatten und sich ihren technischen Kenntnissen beugen mußten. Sie standen in der vordersten Linie des Fortschritts und der Erfindungen und waren froh in dem Gefühl, der neuen Zeit den Weg zu weisen. Arbeiter solchen Schlages waren die Stephensons aus dem Tynesidedistrikt ..."*

Kultur- und Sozialgeschichte Englands, dt. Hamburg 1948, S. 459

Friedrich Engels über die englische Bourgeoisie, 1845:

56 „Mir ist nie eine so tief demoralisierte, eine so unmittelbar durch den Eigennutz verderbte, innerlich zerfressene und für allen Fortschritt unfähig gemachte Klasse vorgekommen wie die englische Bourgeoisie ... Für sie existiert nichts in der Welt, was nicht nur um des Geldes willen da wäre, sie selbst nicht ausgenommen, denn sie lebt für nichts, als um Geld zu verdienen, sie kennt keine Seligkeit als die des schnellen Erwerbs, keinen Schmerz außer dem Geldverlieren. Gewiß, diese englischen Bourgeois sind gute Ehemänner und Familienmitglieder, haben auch sonst allerlei sogenannte Privattugenden und erscheinen im gewöhnlichen Verkehr ebenso respektabel und anständig wie alle anderen Bourgeois ... Es ist dem englischen Bourgeois durchaus gleichgültig, ob seine Arbeiter verhungern oder nicht, wenn er nur Geld verdient ... Das Verhältnis des Fabrikanten zum Arbeiter ist kein menschliches, sondern ein rein ökonomisches. Der Fabrikant ist das ‚Kapital', der Arbeiter ist die ‚Arbeit'. Und wenn der Arbeiter sich nicht in diese Abstraktion hineinzwängen lassen will, wenn er behauptet, daß er nicht ‚die Arbeit', sondern ein Mensch ist, der allerdings unter anderem auch die Eigenschaft des Arbeitens hat, wenn er sich einfallen läßt, zu glauben, er brauche sich nicht als ‚die Arbeit', als Ware im Markte kaufen und verkaufen zu lassen, so steht dem Bourgeois der Verstand still ... Man glaube aber ja nicht, daß der ‚gebildete' Engländer diese Selbstsucht so offen zur Schau trage. Im Gegenteil, er verdeckt sie mit der schnödesten Heuchelei. – Wie, die englischen Reichen sollten nicht an die Armen denken, sie, die wohltätige Anstalten errichtet haben, wie kein anderes Land sie aufweisen kann? Jawohl, wohltätige Anstalten! Als ob dem Proletarier damit gedient wäre, daß Ihr ihn erst bis aufs Blut aussaugt, um nachher Euren selbstgefälligen, pharisäischen Wohltätigkeitskitzel an ihm ausüben zu können und vor der Welt als gewaltige Wohltäter der Menschheit dazustehen, wenn Ihr dem Ausgesogenen den hundertsten Teil dessen wiedergebt, was ihm zukommt! ..."

Die Lage der arbeitenden Klassen in England, Leipzig 1845, in: Marx – Engels Gesamtausgabe, 1. Abt., Bd. 4, Moskau, Leningrad 1933, S. 261–263

Carl Jantke über deutsche Unternehmer in der Frühzeit:

57 *„Das Unternehmertum der vormärzlichen Zeit entstammte überwiegend den Schichten des kleinbürgerlichen Handwerkerstandes. Die ausgehenden dreißiger und vierziger Jahre sind die Zeit, da die Tüchtigsten und Fortschrittlichsten unter ihnen – mochte es sich um selbständige Tuchmacher, Kesselschmiede oder auch um Werkmeister aus Manufakturen oder Fabriken handeln – die industrielle Chance ergriffen ... Freilich ist damit nur eine wenngleich sehr große Gruppe bezeichnet, neben der weder die aus Pächtern adliger oder fiskalischer Hütten hervorgegangenen großen Unternehmerfamilien der Jacobi, Krupp, Stumm oder die Gruppe der ‚Händlerunternehmer' im Rheinland noch auch die grundherrlichen Industriellen Oberschlesiens, die Henckel, Pleß oder Ratibor übersehen werden können. Als breiteste, relativ einheitliche Schicht erschienen indessen jene genannten Emporkömmlinge, die sich zwar keineswegs so unvermittelt wie im England der industriellen Revolution, aber doch in verhältnismäßig kurzer Zeit heraufgearbeitet hatten."* *Der Vierte Stand, Freiburg 1955, S. 161 f.*

A. Sartorius von Waltershausen über den „Ausbeuter":

58 *„Von den mittleren Arbeitgebern ... waren manche aus dem Handwerkerstande hervorgegangen, weshalb in Frankreich Lamartine die gleiche Species Amphibien zwischen Proletariat und Bourgeoisie genannt hatte. Sie blieben in Manieren und Sitten ungehobelt, in der Lebensanschauung der Pflichtenlehre beschränkt und glaubten, von jedem ihrer Leute so viel verlangen zu können,* *als sie selbst als Ausnahme und Kraftnaturen geleistet hatten. Der Emporkömmling dieser Art ist ein unduldsamer Herr, aber der soziale Fortschritt muß ihn als positiven Bestandteil der Auslese mit in den Kauf nehmen. In den industriellen Kapitalgesellschaften schalteten und walteten damals solche Direktoren, die vorzugsweise nach ihrem technischen Können ausgewählt waren. Eine charaktervoll gebildete, pflichtbewußte Schicht dieser Leute bestand noch nicht. Der Verkehr mit den Arbeitern war oft gewissenlosen Werkstättenvorstehern, Meistern anvertraut, die nur auf Zufriedenstellung nach oben hinschielten, die Unterstellten schikanierten und nach Belieben fortjagten."*

Deutsche Wirtschaftsgeschichte 1815–1914, Jena 1920, S. 193

Adolf Zimmermann über Ausländer in der Entwicklung des deutschen Bergbaus:

59 *„Die Eisenbahnen kamen. Und mit ihnen kamen Engländer, Belgier, Franzosen ins Land, die nach Kohle suchten und Bergwerke anlegten ... Die guten Westfalen machten erstaunte Gesichter. Der Teufel ja! Wer hätte das gedacht! Rührten sich aber ihrerseits nur wenig. Belgier! Engländer! Franzosen! Das waren höhere Wesen. Was die konnten, brauchte noch lange nichts zu sein für einen Westfälinger. 1847 erwarb die ‚Société anglo-belge' die Felder von Dahlbusch. 1853 rief der Lütticher Professor L. Trasenster die belgische Gesellschaft der Gruben von Mühlheim a. d. Ruhr (die spätere Bergwerksgesellschaft Alstaden) ins Leben. 1855 teuften die Engländer unter W. Th. Mulvany die Schächte von ‚Hibernia' und ‚Shamrock' bei Herne ab. Es entstand die ‚Prussian Mining and Iron Work Company', die ‚Ruhrort Mining Company' schuf den Schacht ‚Westende' bei Meiderich; Charles Detillieux, ein Franzose, gründete die Gesellschaft Detillieux & Comp. mit den Zechen ‚Rheinelbe' und ‚Alma'. Es entstanden die gleichfalls französischen Gesellschaften ‚Phönix', die ‚Société civile des Charbonages de Herne-Bochum', die ‚Charbonages du Rhin' und die ‚Charbonages du Nord' folgten später. Schließlich wären noch zu verzeichnen etliche holländische Gesellschaften, von denen die Zechen ‚Holland', ‚Langenbrahm' und ‚Altendorf' gegründet wurden. Man sieht, welche gewaltige Rolle ausländisches Kapital und ausländische Unternehmungslust bei der Erschließung unseres großen Bergbau- und Industriebezirks gespielt haben. Mindestens noch die sechziger Jahre hindurch waren die Ausländer tonangebend."*

Industrielle Reisebriefe, Von Haspe bis Duisburg, Berlin 1912, S. 4/5

VI. Gedanken zur Lösung der Sozialen Frage

Friedrich Harkort über die Bekämpfung des Proletariats, 1844:

60 „Werfen wir einen Rückblick auf das Gesagte, so fordern wir zur Bekämpfung des Proletariats in den Städten:

- gründlichen Unterricht für das ärmste Kind;
- verbesserte Organisation des Armenwesens;
- Ausscheidung der Bettler und Müßiggänger und ihre Unterbringung in Arbeitskolonien;
- öffentliche Krankenhäuser;
- allgemeine Krankenkassen auf Wechselseitigkeit begründet;
- Hebung der Sparkassen;
- Sicherung des Schuldners gegen Personalarrest und Erhaltung seiner unentbehrlichsten Gegenstände;
- gerechtere Verteilung der Konsumptions-Abgaben;
- sittliche und belehrende Vereine.

Alle diese Dinge können nur dann wohltätig auf die Massen einwirken, wenn alle Gebildete, im Geiste eines echten Christentums, sich mit Aufopferung und Liebe dem großen Werke der Zivilisation widmen und nicht, dem Armen gegenüber, eine ausschließende Stellung behaupten, welche täglich gefahrdrohender erscheint.
Mühen und Arbeit entfremden dem Gemeinwesen nicht; allein das unwissende Kind des Armen, welches am Weihnachtsabend hungrig und frierend durch die erleuchteten Fenster des Reichen schaut – wird nicht Friede machen mit der Gesellschaft!"

Bemerkungen über die Hindernisse der Civilisation und Emancipation der untern Klassen, Elberfeld 1844, S. 73/74

Werner Conze über die Entwicklung vom „Pöbel" zum „Proletariat":

61 *„Das Gespenst der großen sozialen Revolution, das in den 40er Jahren so häufig, angsterfüllt und sorgenvoll von den einen, drohend und zukunftsgläubig von den andern, beschworen worden war, büßte nach der steckengebliebenen Revolution von 1848 seine Suggestivkraft ein, um es erst später auf neue Weise wiederzugewinnen. War das Gespenst nur durch die Gewalt des siegreichen Obrigkeitsstaates zurückgeschlagen worden, demgegenüber auch die bürgerliche Bewegung hatte weichen müssen, oder sind innerlich wirksamere Kräfte am Werke gewesen, die dieser Gefahr ihre Unheimlichkeit haben nehmen können? Die Staaten hatten die Revolution niedergeschlagen und ihre Ordnung wiederhergestellt, und* *sie unternahmen nach ihrem Siege nichts Wesentliches, um durch staatliche Sozialpolitik den Pauperismus zu überwinden und den Proletarier sozial einzubürgern. Aber die entscheidende Wendung wurde nun ökonomisch herbeigeführt. Wie wir sahen, hatte sich das schon in den 40er Jahren vorbereitet. Männer wie Friedrich List, Mevissen oder Harkort hatten es kommen sehen. ‚Ausbildung der gesamten Industriekraft der Gesellschaft' – so hatte Karl Heinrich Brüggemann das Ziel im Jahre 1847 bezeichnet. Und Friedrich List hatte schon 1839 den Begriff der ‚Nationalmanufakturkraft' geprägt. Die Krisen und Hungerjahre unmittelbar vor der Revolution 1848 dürfen nicht darüber hinwegtäuschen, daß der industrielle und der agrarische Ausbau in vielen Gegenden Deutschlands vorangeschritten und der Wohlstand aufs Ganze gesehen auch schon vor der Jahrhundertmitte in langsamem Steigen begriffen war. ‚Die Krankheit liegt für Deutschland nicht in der zu dicht gewordenen Bevölkerung, nicht in dem Maschinenwesen und in dem Übermaße der Fabrikindustrie überhaupt, sondern sie liegt gerade in dem Mangel derjenigen Maschinen und Fabriken, welche unsern Arbeitern statt den englischen Arbeit und Verdienst schaffen sollen', schrieb Peter Franz Reichensberger im Jahre 1847. Zollverein, gesteigerte Kapitalbildung, sodann erhöhte Wirtschaftsinitiative, Gunst der Konjunktur und technologisches Aufholen nach der unvollendeten Revolution – all das wies in die gleiche Richtung. Nicht durch Zerstörung oder Behinderung der Maschine, sondern durch Technisierung und Rationalisierung sowohl der Urproduktion wie der industriellen Arbeit konnte das Problem der sozialen Frage gelöst werden, soweit es sich um ihre ökonomisch-organisatorische Bewältigung handelte. Das Problem hatte, wie wir sahen, in dem Mißverhältnis zwischen wirtschaftlicher Tragfähigkeit und angeschwollener Masse der Bevölkerung bestanden sowie in dem Unvermögen, die vielbeklagte Ungleichheit der Besitzverteilung zwischen den Kapitalisten und Proletariern zu mildern. Die Hungerlöhne der 40er Jahre hatten ihren Ursprung nicht zuerst in der Gewinnsucht der Unternehmer als vielmehr im Zwang der wirtschaftlichen Enge gehabt. Es war der Höhepunkt einer Krise der ‚Übergangszeit' gewesen, in der eine Rückkehr zur gebundenen Wirtschaft staatlicher Merkantilpolitik und zünftiger ‚Nahrungs'-Stabilität nicht mehr möglich war und in der alles darauf ankommen mußte, nach vorwärts durchzustoßen. Bewußt oder unbewußt haben die deutschen Unternehmer danach gehandelt und damit dann freilich dazu beigetragen, daß dieser harte Durchgang auf Kosten der ‚handarbeitenden Klasse' erzwungen wurde. Aber vergessen wir nicht: Diese Klasse hatte sich auf Grund der von uns angedeu-*

teten Bedingungen schon ohne die Industrialisierung selbst produziert, ehe sie dann durch die erhöhte Tragfähigkeit als ‚industrielle Bevölkerung' (Ipsen) noch weiter in ihrer Zahl zunahm. Die Industrie führte trotz aller frühen Schonungs- und Rücksichtslosigkeit endgültig nicht zu ihrem Verderben, sondern zu ihrer Rettung. – Während seit der Mitte des Jahrhunderts (prototypisch) die Dreschmaschine auf dem Lande ihren Siegeszug antrat und die Überzähligen vom Lande vertrieb, wurden dadurch die Tagelöhner nicht brotlos, sondern frei gemacht für die Industrie, die sie aus der Gefahr der ‚Nahrungslosigkeit' herausführte. Wohl blieb dabei immer noch die ‚soziale Frage' bestehen – ja, sie wurde im Zusammenhang mit der raschen Groß- und Industriestadtbildung verschärft. Aber das Entscheidende war zunächst geschehen: Die Arbeitsstellen waren geschaffen worden und wurden weiter geschaffen; eine relative Sicherung der Existenz wurde erreicht. Zwar waren die Lebensbedingungen noch immer knapp und ‚proletarisch'; aber sie lagen doch über dem Stande des Pauperismus der 30er und 40er Jahre und wurden im Laufe der Jahrzehnte weiter verbessert. Damit war der grundlegende Schritt zur Eingliederung des Proletariats getan. Mit dem Zustand verschwand allmählich auch das Wort ‚Pauperismus'."

Vierteljahrschrift für Sozial- und Wirtschaftsgeschichte, Bd. 41, 1954, S. 360 ff.

T. S. Ashton über die Industrialisierung als Rettung vor der Verelendung:

62 *„Ein Historiker hat über ‚die Mißstände der industriellen Revolution' geschrieben. Wenn er dabei meint, daß die Jahre 1760–1830 durch Kriege verdunkelt und durch Teuerung freudlos gemacht wurden, dann ist gegen diese Phrase nichts einzuwenden. Wenn er aber meint, daß die technischen und ökonomischen Veränderungen selbst die Quelle des Elends seien, dann ist diese Meinung sicherlich abwegig. Das zentrale Problem dieser Zeit war es, wie man Generationen von Kindern ernähren, kleiden und beschäftigen sollte, die an Zahl bei weitem diejenigen aller früheren Zeiten übertrafen. Irland stand demselben Problem gegenüber. Weil es dieses nicht lösen konnte, verlor es in den vierziger Jahren über ein Fünftel seiner Bevölkerung durch Auswanderung, Hungertod oder Krankheit. Wenn England eine Nation von Ackerbauern und Handwerkern geblieben wäre, dann wäre es kaum demselben Schicksal entgangen, und – bestenfalls – hätte das Gewicht einer wachsenden Bevölkerung die Sprungkraft seines Geistes niedergedrückt. Es wurde bewahrt nicht durch seine Herrscher, aber durch diejenigen, die, während sie ohne Zweifel ihre eigenen beschränkten Ziele verfolgten, Verstand und Findigkeit hatten, neue Produk-*

tionsmittel und neue Methoden der Industrieorganisation entwikkelten. Es gibt heutzutage in den Ebenen Indiens und Chinas Männer und Frauen, die, hungrig und von Krankheiten geplagt, ein Leben führen, das – von außen gesehen – nur wenig besser ist als das ihres Viehs, das sich am Tage mit ihnen plagt und nachts ihre Schlafplätze teilt. Solche asiatischen Lebensstandards und solche nicht mechanisierte Greuel sind das Schicksal derjenigen, die ihre Menschenzahlen steigern ohne dabei durch eine industrielle Revolution zu gehen." *a.a.O., S. 161*

Robert Owen[44] über den Zusammenschluß der Arbeiter. Die owenitischen Organe sind gegen Ende des Jahres 1833 voll von Mitteilungen über die Bildung einer „General Union of the Production Classes". Welche Art Assoziation Owen selbst im Auge hatte, mag aus seiner Rede auf dem in London am 6. Oktober 1833 abgehaltenen Kongreß der owenitischen Vereine ersehen werden:

63 · „Ich will euch nun einen kurzen Umriß der großen in Aussicht genommenen Umänderungen geben, die wie ein Dieb in der Nacht plötzlich über die Gesellschaft kommen werden ... Es ist beabsichtigt, nationale Einrichtungen zu schaffen, um die ganze Arbeiterklasse in die große Organisation einzuschließen, und daß jede Abteilung vertraut gemacht werden soll mit dem, was in anderen Abteilungen vorgeht; daß jede individuelle Konkurrenz aufhört, daß alle Fabriken durch Nationale Kompagnien betrieben werden ... Alle Gewerbe sollen zunächst Verbände (Assoziationen) von Logen gründen, die aus der zur Führung der Geschäfte notwendigen Anzahl von Leuten bestehen sollen, ... alle den betreffenden Gewerben angehörigen Personen sollen Mitglieder werden."

Sidney und Beatrice Webb, Die Geschichte des Britischen Trade Unionismus, übers. von R. Bernstein, 2. Aufl., 1906, S. 104

Hermann Schulze-Delitzsch[45] über Assoziationen. Aus einer Flugschrift über das Genossenschaftswesen in den 60er Jahren:

64 „Zunächst ist hier das Prinzip klarzumachen, auf welchem die Wirklichkeit der Genossenschaften, ihre große Bedeutung für die gesamte gesellschaftliche Entwicklung unserer Tage beruht. Es ist dies der einfache, allen Vereinigungen der Menschen seit den ältesten Zeiten zu Grunde liegende Satz: ‚Daß man sich zu dem, was man

[44] Englischer Sozialist, geb. Newton 14. 5. 1771, gest. Newton 17. 11. 1858.
[45] Genossenschaftsführer, geb. Delitzsch 19. 8. 1808, gest. Potsdam 19. 4. 1883.

für sich allein nicht auszuführen vermag, mit anderen, die ein gleiches Interesse daran haben, verbinden soll', und fällt somit mit dem Gesellschaftsprinzip selbst zusammen. Das damit gewonnene Resultat, wonach ,mehrere kleine Kräfte vereint eine Großkraft bilden', bewährt sich auch hier, sobald die Sache nur mit dem gewöhnlichsten Maße von Umsicht gehandhabt wird, gleichmäßig nach den verschiedensten Seiten.

Zuerst bei der Beschaffung des zu den geschäftlichen Operationen, den Ankäufen im großen usw. erforderlichen Kapitals. Bewirkt hier schon das Zusammenschließen der kleinen Vorräte der Mitglieder die Aufbringung eines Kapitals, das durch Ansammlung fortlaufender regelmäßiger Beisteuern, wie sie die einzelnen ermöglichen können, allmählich vergrößert, dem Geschäft als Grundsatz, als Grundstock dient, so zeigt sich die Macht der Vereinigung in noch höherem Grade, indem man eine Kreditbasis dadurch gewinnt, wie sie den Mitgliedern in ihrer Isolierung niemals zur Seite stand. Freilich repräsentiert auch der völlig Mittellose immer noch einen ökonomischen Wert in der Gesellschaft: seine Arbeitskraft. Indessen gilt im gewöhnlichen Verkehr die Arbeitskraft des einzelnen nicht als genügende Sicherheit für eine Kapitalanlage, da sie zu vielen Zufälligkeiten ausgesetzt ist und die Resultate zu wenig in der Gewalt hat. Aus diesem Grunde versagt sich ihr der Kredit entweder ganz oder wird ihr nur unter so lästigen Bedingungen zuteil, daß die dadurch zu erzielenden Vorteile in vielen Fällen gänzlich wieder aufgewogen werden. Allein dies ändert sich sofort, wenn sich die Arbeitskraft assoziiert. Sobald hier eine größere Gesamtheit von Arbeitern durch Übernahme der solidarischen Verbindlichkeit die Zufälle und das Mißlingen, welchen der einzelne ausgesetzt ist, überträgt und so die wechselseitige Garantie aller füreinander organisiert, hebt sich der Grund, welcher dem Kredit entgegenstand, und die erforderliche Sicherheit für den Gläubiger ist vorhanden. Der einzelne fand keine Beachtung bei der Gesellschaft, weil sie ihn allenfalls entbehren konnte; allein die Arbeitskraft ganzer, großer Verbände von Arbeitern ist ihr ebenso unentbehrlich als Grund und Boden und hat daher im Verkehr den Wert einer Hypothek.

Dieselbe Steigerung wie bei den materiellen tritt aber durch die Einigung auch bei dem zum erweiterten Geschäftsbetriebe unentbehrlichen geistigen Kapitale der Mitglieder ein. Schon in der Bildung eines allmählich anwachsenden Kapitalanteils der einzelnen in der gemeinsamen Kasse, in der Aufbesserung im Erwerbs- und Nahrungsstande, wirken die gemeinschaftlichen Geschäftsoperationen auf die Hebung der intellektuellen und sittlichen Bildung der Mitglieder. Durch den erweiterten Geschäftsbetrieb der Gesellschaft, der über die enggezogenen nächsten Kreise, in welche die Tätigkeit des einzelnen gebannt war, hinausgeht, weitet sich der Blick, gewinnt die Umsicht der Mitglieder. Der großartige Verkehr schärft die Spekulation, besteuert den Unternehmungsgeist und lehrt sie, sich aller der kaufmännischen Vorteile und Einrichtungen zu bedienen, ohne welche ein wirklich lohnender Betrieb in irgendeiner Geschäftsbranche je länger, desto mehr unmöglich wird. Beratungen und Beschlüsse über die gemeinschaftlichen Unternehmungen veranlassen einen Austausch, einen Kampf der Meinungen, welche zur Berichtigung der Ansichten wesentlich beiträgt, den Tüchtigen Gelegenheit bietet, sich geltend zu machen, den Unerfahrenen zu lernen. Alles dieses steht wieder in inniger Wechselbeziehung auf Sein und Haltung der Mitglieder überhaupt. Mit dem erhöhten Selbstgefühl des einzelnen, der sich als Glied einer mächtig aufstrebenden Gemeinschaft weiß, geht die Nötigung, sich zusammenzunehmen, Hand in Hand und bewahrt ihn vor manchen Ausschreitungen. Zugleich führt die Solidarität als Grundlage der ganzen Vereinigung eine gegenseitige Kontrolle der Mitglieder untereinander von selbst mit sich, da jedes bei der Tüchtigkeit, Ordnungsliebe und Ehrlichkeit des anderen in hohem Grade interessiert ist, weil der Ruin des einen die Verpflichtung der übrigen erschwert. Was aber als die eigentliche Blüte des Genossenschaftswesens erscheint, das ist die Hebung des Gemeinsinns, welche von ihm aus sich auf das erfreulichste auf alle Beziehungen der Genossen überträgt. Durch die Vereinigung in den nächsten Berufs- und Erwerbskreisen gewöhnen sich dieselben, das eigene Interesse mit der Gesamtheit zu verknüpfen und in dem Wohlstande der anderen eine Bürgschaft für den eigenen zu finden; denn je mehr wohlhabende Mitglieder einer Genossenschaft angehören, desto fördernder wirkt dies auf ihren Kredit, die Ausbreitung ihrer Geschäfte ein. Das Gefühl der Zusammengehörigkeit, der Gemeinschaft in Zweck und Mittel, des gegenseitigen Bedürfens und Förderns, welches jeden in dem anderen sich selbst respektieren lehrt, weckt den Sinn für das öffentliche Wohl, für gemeinnütziges Wirken, welches, durch gemeinsames Handeln innerhalb der Genossenschaft stets lebendig erhalten, sich auch in weiteren Kreisen bei jeder Gelegenheit betätigt."

Das Genossenschaftswesen, in: Vorkämpfe Deutscher Freiheit, Dokumente liberaler Vergangenheit, hrsg. vom Akademischen Freibund, München 1910, S. 26–29

Karl Marx über den Klassenkampf und die Überwindung der gesellschaftlichen Gegensätze im Sieg des Proletariats:

65 „Das Proletariat ist umgekehrt als Proletariat gezwungen, sich selbst und damit seinen bedingenden Gegensatz, der es zum Proletariat macht, das Privateigentum, aufzuheben. Es ist die negative Seite des Gegensatzes, seine Unruhe in sich, das aufgelöste und sich auflösende Privateigentum.
Die besitzende Klasse und die Klasse des Proletariats stellen dieselbe menschliche Selbstentfremdung dar. Aber die erste Klasse fühlt sich in dieser Selbstentfremdung wohl und bestätigt, weiß die Entfremdung als ihre eigene Macht und besitzt in ihr den Schein einer menschlichen Existenz; die zweite fühlt sich in der Entfremdung vernichtet, erblickt in ihr die Ohnmacht und die Wirklichkeit einer unmenschlichen Existenz. Sie ist, um einen Ausdruck von Hegel zu gebrauchen, in der Verworfenheit die Empörung über diese Verworfenheit, eine Empörung, zu der sie notwendig durch den Widerspruch ihrer menschlichen Natur mit ihrer Lebenssituation, welche die offenherzige, entschiedene, umfassende Verneinung der Natur ist, getrieben wird. Innerhalb des Gegensatzes ist der Privateigentümer also die konservative, der Proletarier die destruktive Partei. Von jenem geht die Aktion des Erhaltens des Gegensatzes, von diesem die Aktion seiner Vernichtung aus.
Das Privateigentum treibt allerdings sich selbst in seiner nationalökonomischen Bewegung zu seiner eigenen Auflösung fort, aber nur durch eine von ihm unabhängige, bewußtlose, wider seinen Willen stattfindende, durch die Natur der Sache bedingte Entwicklung, nur indem es das Proletariat als Proletariat erzeugt, das seines geistigen und physischen Elends bewußte Elend, die ihrer Entmenschung bewußte und darum sich selbst aufhebende Entmenschung. Das Proletariat vollzieht das Urteil, welches das Privateigentum durch die Erzeugung des Proletariats über sich selbst verhängt, wie es das Urteil vollzieht, welches die Lohnarbeit über sich selbst verhängt, indem sie den fremden Reichtum und das eigene Elend erzeugt. Wenn das Proletariat siegt, so ist es dadurch keineswegs zur absoluten Seite der Gesellschaft geworden, denn es siegt nur, indem es sich selbst und sein Gegenteil aufhebt. Alsdann ist sowohl das Proletariat wie sein bedingender Gegensatz, das Privateigentum, verschwunden."

Die heilige Familie (1844/45), in: Kröners Taschenausgabe, a.a.O., S. 317/318

Bericht der Handelskammer von Elberfeld und Barmen an die preußische Regierung:

66 „Die soziale Frage pocht in fast allen Staaten an, der Arbeiterstand erwacht aus dumpfer Apathie und erhebt noch unklar über seine wahren Aufgaben und Interessen an vielen Orten begehrliche Anforderungen an den Staat und an die besitzenden Klassen. Wenn dieser Kampf in Frieden enden und ersprießlich ausschlagen soll, so muß einerseits jedes Hindernis der freien Bewegung der Personen beseitigt und die volle Selbstverantwortlichkeit jedes Bürgers für sein Geschick zur Geltung gebracht werden, andererseits dürfen in allen Arbeiterfragen, die auf das Leben der Familie sich beziehen, die Entscheidungen nur in streng rechtlicher und billiger Weise erfolgen."

Handelskammerbericht für 1868, S. 5

VII. Die Industrielle Revolution im Urteil der gegenwärtigen Geschichtsschreibung

L. C. A. Knowles, The Industrial and Commercial Revolution in Great Britain during the Nineteenth Century:

67 *„Das 19. Jahrhundert ist ein Ereignis der französischen Ausführung und Verkündigung der persönlichen Freiheit, verbunden mit den neuen technischen Erfindungen, die von England ausgingen. Das Ergebnis war die gleichzeitige Beseitigung gesetzlicher und physischer Hemmnisse. Die fünf Charakteristika der wirtschaftlichen Entwicklung sind: 1. Freizügigkeit und die konsequente agrarische Revolution; 2. die wachsende Bedeutung der Maschine, die eine neue industrielle Klasse und eine neue Arbeiterbewegung zur Folge hatte; 3. die Mechanisierung des Transportwesens, die eine Revolution hinsichtlich der relativen Bedeutung der Länder, hinsichtlich des Handels und des gesellschaftlichen Lebens zur Folge hatte; 4. die Entwicklung neuer staatlicher Wirtschaftsüberwachung, die zu einer wachsenden staatlichen Kontrolle von Industrie und Handel und 5. zu einer neuen Anstrengung völkischer Ausbreitung führte, welche eine neue koloniale Ära einleitete, welche zu weltweiter Verflechtung und weltweiter Rivalität führte."*

„Charakteristische Merkmale der Industriellen Revolution: Die Industrielle Revolution beruhte auf der Entwicklung der Dampfkraft, des Eisens, der Kohle, Maschinen und chemischer Fabriken. Die neue industrielle Bevölkerung konzentrierte sich in den Bergbaubezirken. Neue Methoden des Transports wurden notwendig, um die Massen an Rohstoffen und Fertigwaren zu bewältigen. Es gab zwei Phasen der Industriellen Revolution: die erste wurde begrenzt durch die Menge, die auf Straße, Fluß, Kanal und Segelschiff verfrachtet werden konnte; die zweite wurde bezeugt durch eine weitgehende Ausdehnung der Maschinen und der Produktion, die den Eisenbahnen und Dampfschiffen zu verdanken war. Die Arbeiterbewegung und die Formen geschäftlicher Organisation entsprachen den Entwicklungen des Transportwesens; sie waren zuerst örtlich, dann national, dann international.

Warum die Industrielle Revolution zuerst in Großbritannien kam: Die Gründe für die Entwicklung der Industriellen Revolution in Großbritannien waren, daß dieses Land bereits durch das Kapital beherrscht wurde, daß es einen Mangel an Arbeitskräften, große, sich ausweitende Märkte, eine freie Einwohnerschaft, politische Sicherheit und große Erfahrung im Überseehandel besaß, daß es bequemen Zugang zu den überseeischen Märkten durch seine geogra-

geschichtlichen Ablaufs anklingt, anders auch als der Hinweis auf die ‚Industrielle Revolution' und ihre Folgen, mit dem sich die Vorstellung von einem radikalen, unwiderruflichen Neuanfang, von einer tiefen geschichtlichen Zäsur verbindet, weist uns das Wort ‚Industrialisierung' (ähnlich wie das ältere Wort ‚Peuplierung') nach unserem Sprachgebrauch vor allem auf den Vorgang bewußter und verantwortlicher Gestaltung mit dem Ziel der Entbindung neuer sozialer und ökonomischer Kräfte und Leistungen. ...
In der Mannigfaltigkeit terminologischer und begrifflicher Umschreibung des gemeinten Vorganges ist zugleich etwas über die zeitbedingt verschiedenartige Interpretation, über seine wechselnde Beurteilung und Bewertung angedeutet. Zu Beginn unseres Jahrhunderts sprach man noch über die geschichtliche Entstehung, den Sinn und die Grenzen des ‚Industriestaats', den man kraft politischer und wirtschaftlicher Lenkung in seiner Entfaltung beeinflussen und insbesondere gegenüber den wirtschaftlichen Leistungskräften und den Sozialformen der Landwirtschaft in eine bestimmte Relation setzen zu können glaubte. Hier handelte es sich also um die bewußte Einordnung des Industrialisierungsgeschehens in den weiteren historischen Rahmen nationalwirtschaftlicher, politisch-gesellschaftlicher, sozialpolitischer und sozialreformerischer Gestaltungen und Zielsetzungen. Demgegenüber pflegt man heute Industrialisierung als eindeutig determinierbaren Prozeß von stärkster historischer Konsistenz zu interpretieren. Nicht zufällig greift man dabei auf Leitbegriffe zurück, wie sie die moderne Soziologie etwa zur Kennzeichnung der Dynamik des sozialen Wandels entwickelt hat. Der Historie und der Soziologie sind darüber hinaus Vorstellungen von bestimmten, für das Industrialisierungsgeschehen innerhalb der altkapitalistischen Länder geltenden Verlaufstypologien gemeinsam. Sie finden ihren Ausdruck in quantifizierbaren Progressionen, die das Moment der Stetigkeit und Unaufhaltsamkeit der Entwicklungsrichtung betonen, mag es sich um das Bevölkerungswachstum, um die Steigerung des Realeinkommens, die Zunahme der Rohstofferzeugung, die industriestädtischen Agglomerationen, die Kapitalkonzentration oder worum immer handeln."

Industrialisierung im Deutschland des 19. Jahrhunderts als Problem der Sozialgeschichte, in: Studium Generale 16, 1963, S. 585

phische Lage und seine Schiffahrt hatte, während seine Eisen- und Kohlengruben es mit den wertvollsten Rohstoffen, der Antriebskraft für Maschinen und den Materialien zum Eisenschmelzen versahen.
Der Gebrauch der Wasserkraft bedeutete Konzentration in Fabriken. Später wurde die Dampfmaschine eingeführt, um eine stärkere und zuverlässigere Antriebskraft als das Wasser zu liefern, und daraufhin gab es eine neue Nachfrage nach Eisen für Maschinen und Dampfmaschinen und eine steigende Nachfrage nach Kohle, um Dampfkraft zu erzeugen. Auf diese Weise gab es eine fortwährende Wechselwirkung in der Entwicklung von Maschinenbau, Bergbau und Textilindustrie ...
Ökonomische und soziale Auswirkungen der Entwicklung: Der Begriff ‚Industrielle Revolution' vermeint nicht nur einen schnellen, sondern letztlich einen grundsätzlichen Wandel des Charakters eines Landes. Das soziale System, das allmählich dem Fabriksystem wich, gründete sich auf Familienarbeit und Familieneinkommen, wobei die meisten Arbeiter einen landwirtschaftlichen Nebenerwerb hatten. Solange Wasser die Hauptantriebskraft war, behielt die Industrie viel von ihrem ländlichen Charakter. Die Dampfmaschine bedeutete das Städtewachstum. Die Folge wurde in England zwischen 1830 und 1840 deutlich. Die hauptsächlichsten Veränderungen waren: der Aufstieg des Nordens, Südwales', des Westens von Schottland und der Midlands als große Bergbau- und Industriegebiete; die Entwicklung eines neuen Handelswesens; die Entwicklung eines neuen Produktionssystems; die Entwicklung neuer Beziehungen zwischen Kapital und Arbeit. Die Vorteile der Veränderung waren: die gesetzliche Regelung der Kinderarbeit und der Erziehung; die Trennung von Wohnung und Arbeitsplatz; bessere sanitäre Bedingungen; reguläre Arbeitsstunden; größere Produktionsleistung; höhere Löhne; die Macht des Zusammenschlusses und des Klassenbewußtseins; größere Beschäftigungsaussichten. Die Nachteile waren: der Verlust der Unabhängigkeit; die Unterwerfung unter die Anordnungen der Vorarbeiter; die Monotonie der Arbeit; die Abhängigkeit der Ehefrau von den Einkünften des Mannes. Großbritannien rettete sich selbst und Europa vor Napoleon durch die Entwicklung seiner natürlichen Hilfsquellen und wurde die Werkstatt für die Welt." *London 1947, S. 1 und 15–17*

Carl Jantke über Industrialisierung:

68 *„Anders als der Begriff ‚Industrialisierungsprozeß', in dem etwas von der dem Menschen entzogenen Zwangsläufigkeit*